ALBUM TIMBRES-POSTE

ÉLÉMENTAIRE

ALBUM TIMBRES-POSTE

ÉLÉMENTAIRE

De 1840 à 1874

PAR

JUSTIN-H. LALLIER

MEMBRE DE PLUSIEURS SOCIÉTÉS SAVANTES

PARIS

A. LENÈGRE, ÉDITEUR, 35, RUE BONAPARTE

Imprimerie E. Beuve et Lie, à Saint-Germain.

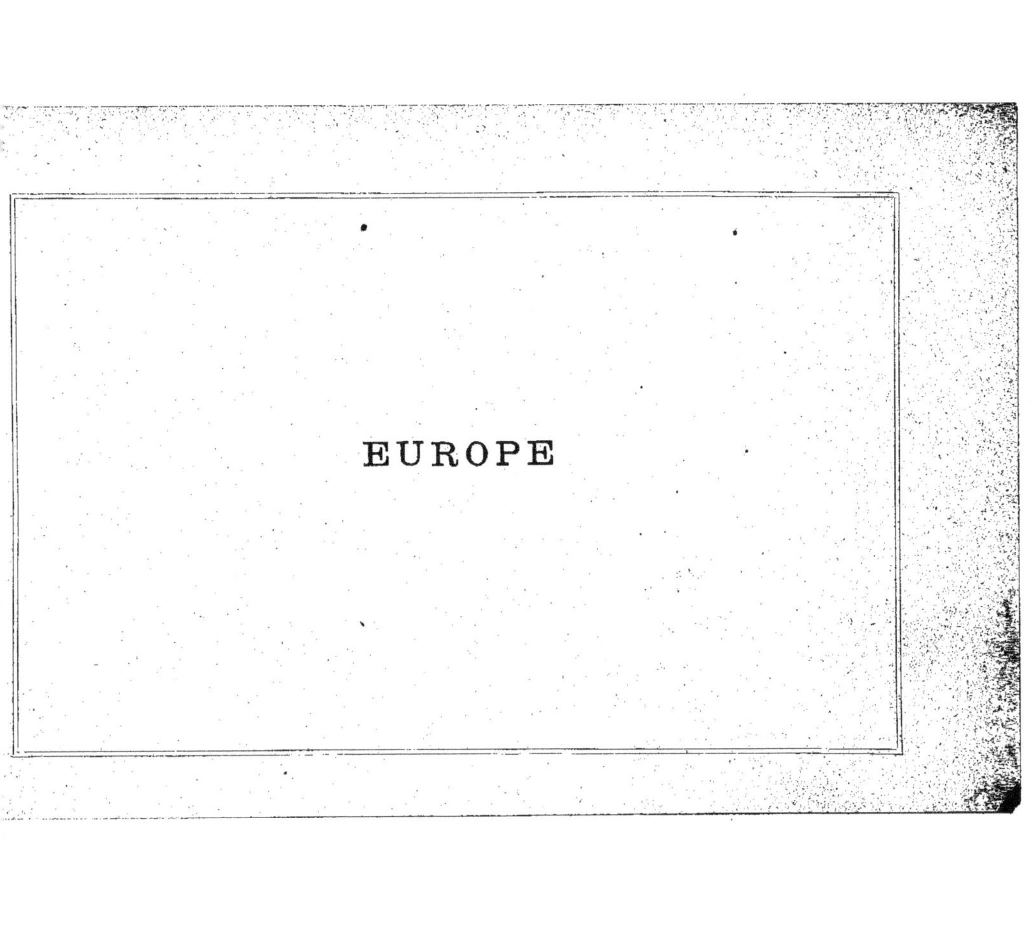
EUROPE

FRANCE

NAPOLÉON III

Né le 10 Avril 1808, Empereur en 1852

RÉPUBLIQUE FRANÇAISE

proclamée le 4 Septembre 1870

République 1849. — Noir, 20 c. — Bistre, 10 c. — Vert, 15 c. — Bleu, 25 c. — Vermillon, 40 c. — Carmin, 1 fr.

Présidence 1852. — Effigie du Prince Napoléon : Bistre, 10 c. — Bleu, 25 c.

Empire (non dentelés) 1853. — Même effigie — rectangulaire : Olive, 1 c. — Vert, 5 c. — Bistre, 10 c. — Bleu, 20 c. — Bleu, 25 c. — Vermillon, 40 c. — Carmin, 80 c.

Empire (dentelés) 1862. — Olive, 1 c. — Vert, 5 c. — Bistre, 10 c. — Bleu, 20 c. — Vermillon, 40 c. — Carmin, 80 c.

Empire. — Tête laurée : Olive, 1 c. — Marron, 2 c. — Gris perle, 4 c. — Bistre, 10 c. — Bleu, 20 c. — Brun, 30 c. — Vermillon, 40 c. — Rose, 80 c. — 1869. — Effigie laurée, mauve, 5 fr.

Siége de Paris. — Timbres imprimés à Bordeaux, tête de Liberté : Olive, 1 c. — Brun-rouge, 2 c. — Gris, 4 c. — Vert, 5 c. — Bistre, 10 c. — Bleu, 20 c. — Brun, 30 c. — Vermillon, 40 c. — Carmin, 80 c. — Timbres imprimés à Paris : Bistre, 10 c. — Bleu, 20 c. — (1871). — Bistre, 15 c. — Bleu, 25 c. — Brun, 30 c. — Vermillon, 40 c. — Carmin, 80 c. — (1872). — Olive, 1 c. — Brun, 2 c. — Gris, 4 c. — Vert, 5 c.

Chiffres-taxe 1859. — Chiffres au centre : Noir (lithographié), 10 c. — Noir (typographié), 10 c. — Noir, 15 c. — Noir 15 c. (dentelé) 1871. — Noir, 25 c. — Bleu, 40 c. — Bistre, 60 c.

Colonies. — Aigle au centre : Olive, 1 c. — Vert, 5 c. — Bistre, 10 c. — Bleu, 20 c. — Vermillon, 40 c. — Carmin, 80 c.

Nouvelle-Calédonie. — Effigie de l'Empereur : Gris-noir, 10 c.

Ile de la Réunion. — Dessins variés : Gris bleu, 15 c. — Gris-bleu, 30 c.

Colonies Françaises. — Timbres rectangulaires, effigie de la Liberté, imprimés en couleur sur blanc : Bistre, 10 c. — Bleu, 20 c. — Vermillon, 40 c. 1872.

CARTES DE CORRESPONDANCE

Il en existe 6 variétés de types de 10 et 15 centimes, pour la circulation de bureau à bureau (15 c.) et dans la circonscription d'un même bureau (10 c.)

FRANCE

 # ALLEMAGNE (EMPIRE D') 

Office Tour et Taxis 1852. — Chiffres en noir sur papier de couleur :
Brun, 1/4 sgr. — Chair, 1/3 sgr. — Vert pâle, 1/2 sgr. —
Bleu, 1 sgr. — Rose, 2 sgr. — Jaune, 3 sgr.

1859. — Semblables, en couleur sur papier blanc : Rouille, 1/4 silb.
— Vert, 1/2 silb. — Bleu, 1 silb. — Rose, 2 silb. — Brun
rouge, 3 silb. — Lilas, 5 silb. — Vermillon, 10 silb.

1862. — Semblables : Noir, 1/4 silb. — Vert, 1/3 silb. — Orange, 1/2
silb. — Rose, 1 silb. — Bleu, 2 silb. — Bistre, 3 silb.

1865 (dentelés). — Semblables : Noir, 1/4 silb. — Vert, 1/3 silb. —
Orange, 1/2 silb. — Rose, 1 silb. — Bleu, 2 silb. — Bistre,
3 silb. — Lilas, 5 silb. — Vermillon, 10 silb.

1868. — Chiffres au centre et ornements : Violet, 1/4 grosc. — Vert,
1/3 grosc. — Orange, 1/2 gros. — Rose, 1 gros. — Bleu,
2 gros. — Bistre, 5 gros. — Vert, 1 kr. — Orange, 2 kr. —
Rose, 3 kr. — Bleu, 7, kr. — Bistre, 18 kr.

Enveloppes 1861. — Ovales, chiffres en relief, au centre, inscriptions
en lilas : Jaune, 1/2 silb. — Rose, 1 silb. — Bleu, 2 silb. —
Bistre, 3 silb.

1862. — Semblables, inscriptions de la même couleur que les timbres :
Noir, 1/4 silb. — Jaune, 1/2 silb. — Rose, 1 silb. — Bleu, 2
silb. — Bistre, 3 silb.

1869. — Mémo type : Rose, 1 gros. — Rose, 3 kr.

1870. — ALSACE-LORRAINE. — Olive, 1 c. — Brun, 2 c. — Gris, 4 c. —
Vert, 5 c. — Bistre, 10 c. — Bleu, 20 cent. — Brun, 30 c.

Cartes de correspondance. — 2 types sur papier chamois clair et chamois foncé.

1871. — Armoiries à relief. — Lilas, 1/4 gros. — Vert, 1/3 gros. —
Vermillon, 1/2 gros. — Jaune, 1/2 gros. — Rose, 1 gros. —
Bleu, 2 gros. — Bistre, 5 gros. — Vert, 1 kr. — Vermillon,
2 kr. — Rose, 3 kr. — Bleu, 7 kr. — Bistre, 18 kr.

Cartes de correspondance avec réponse payée, 1872. — Cartes doubles,
noir sur rose, 4 types différents.

1873. — Cadre fleuronné, avec timbre à droite, imprimée en couleur
sur carton chamois : Brun, 1/2 gros. — Brun, 2 kr.

EMPIRE D'ALLEMAGNE

EMPIRE D'ALLEMAGNE

EMPIRE D'ALLEMAGNE

ALLEMAGNE

(Sud)

———

Office Tour et Taxis 1852. — Rectangulaires, chiffres au centre, en noir, sur papier de couleur : Vert d'eau, 1 kr. — Bleu, 3 kr. — Bleu foncé, 3 k. — Rose, 6 kr. — Jaune, 9 kr.

1859. — Semblables, imprimés en couleur sur blanc : Vert d'eau, 1 kr. — Bleu, 3 k. — Rose, 6 kr. — Jaune, 9 kr. — Lilas, 15 kr. — Vermillon, 30 kr.

1862. — Semblables : Rose, 3 kr. — Bleu, 6 kr. — Bistre, 9 kr.

1865 (dentelés). — Semblables : Vert d'eau, 1 kr. — Rose, 3 kr. — Bleu, 6 k. — Bistre, 9 kr. — Lilas, 15 kr. — Vermillon, 30 kr.

Enveloppes 1861. — Octogones, chiffres en relief au centre d'un ovale, inscriptions en lilas : Jaune, 2 kr. — Rose, 3 k. — Bleu, 6 kr. — Bistre, 9 kr.

1862. — Semblables, petites inscriptions de la même couleur que les timbres : Vert, 1 kr. — Jaune, 2 kr. — Rose, 3 kr. — Bleu, 6 kr. — Bistre, 6 kr.

(Il y a une grande quantité de nuances variées que nous n'avons pas cru utile d'indiquer ici.)

ALLEMAGNE (Sud)

AUTRICHE

FRANÇOIS-JOSEPH Ier

Né le 18 Août 1830

1850. — Timbres rectangulaires, en couleur sur papier blanc, armes au centre : Orange, 1 kr. — Noir, 2 kr. — Rouge, 3 kr. — Brun, 6 kr. — Bleu, 9 kr.

1858 (dentelés). — Effigie à gauche en relief, dentelés et rectangulaires : Jaune, 2 kr. — Noir, 3 kr. — Vert, 3 kr. — Rouge, 5 kr. — Brun, 10 kr. — Bleu, 15 kr.

1861. — Effigie à droite en relief : Jaune 2 kr. — Vert, 3 kr. — Rouge, 5 kr. — Bistre, 10 kr. — Bleu, 15 kr.

1863. — Ovales, aigles en relief, dentelés : Jaune, 2 kr. — Vert, 3 kr. — Rose, 5 kr. — Bleu, 10 kr. — Bistre, 15 kr.

Dᵒ — Grosse dentelure, semblables : Jaune, 2 kr. — Vert, 3 kr. — Rose, 5 kr. — Bleu, 10 kr. — Bistre, 15 kr.

1867. — Rectangulaires, en couleur sur papier blanc, dentelés, effigie à droite dans un cercle perlé : Jaune, 2 kr. — Vert, 3 kr. — Rose, 5 kr. — Bleu, 10 kr. — Bistre, 15 kr. — Violet, 25 kr. — Chair, 50 kr.

Enveloppes 1861. — Effigie à droite en relief, en couleur sur blanc : Vert, 3 kr. — Rouge, 5 kr. — Brun, 10 kr. — Bleu, 15 kr.— Orange, 20 kr. — Brun, 25 kr. — Violet, 30 kr. — Brun clair, 35 kr.

1863. — Aigle en relief imprimés en couleur sur blanc : Vert, 3 kr. — Rose, 5 kr. — Bistre, 10 kr. — Bleu, 15 kr. — Violet, 25 kr.

1867. — Effigie à droite dans un cercle perlé : Vert, 3 kr.— Rose, 5 kr. — Bleu, 10 kr. — Brun, 15 kr. — Violet, 25 kr.

1869. — Carte de correspondance : Enveloppe avec timbre de 3 kr. — Noir sur jaune.

1870. — Enveloppes surtimbrées. — 5 kr. sur 3 kr. — 5 sur 5. — 5 sur 10. — 5 sur 15. — 5 sur 25. — 5 sur 3 soldi. — 5 sur 5. — 5 sur 10. — 5 sur 15. — 5 sur 25.

Carte de correspondance.— Adresse au recto. — Jaune, 2 kr. (Variété.) — Texte en deux langues : Jaune, 2 kr. — En Italien, jaune, 2 kr. — Polonais, jaune, 2 kr. — Ruthénien, jaune, 2 kr. — Slave, jaune, 2 kr.

AUTRICHE

AUTRICHE

AUTRICHE

BADE

FRÉDÉRIC (Guillaume-Louis)

Né le 9 Septembre 1826

1851. — Timbres rectangulaires, chiffres, imprimés en noir sur couleur : Chamois, 1 kr. — Jaune, 3 kr. — Vert, 6 kr. — Rose, 9 kr. — Blanc, 1 kr. — Vert, 3 kr. — Bleu, 3 kr. — Jaune, 6 kr.

1861 (dentelés). — Armoiries, fond de couleur, papier blanc : Noir, 1 kr. — Bleu, 3 kr. — Jaune, 6 kr. — Rose, 9 kr.

Semblables, grosse dentelure : Noir, 1 kr. — Bleu, 6 kr. — Bistre, 9 kr.

1862. — Armoiries, fond blanc, petite dentelure : Rose, 3 kr.

Armoiries, fond blanc, grosse dentelure : Noir, 1 kr. — Rose, 3 kr. — Bleu, 6 kr. — Bistre, 9 kr. — Vert, 18 kr. — Orange, 30 kr.

1868. — Valeur en abrégé : Vert, 1 kr. — Rose, 3 kr. — Bleu, 7 kr.

Chiffres-taxe. — Chiffre noir, sur couleur, dentelés et rectangulaires : Jaune, 1 kr. — Jaune, 3 kr. — Jaune, 12 kr.

Enveloppes 1858. — Ovales, effigie à relief en couleur sur blanc : Bleu, 3 kr. — Jaune, 6 kr. — Rosé, 9 kr. — Bistre, 12 kr. — Brun rouge, 18 kr.

1862. — Semblables : Rose, 3 kr. — Bleu, 6 kr. — Bistre, 9 kr.

Enveloppes Feldpostbrief 1870. — Noir sur couleur, sans valeur.

Cartes de correspondance 1870. — Carte sans timbre, impression noire sur chamois.

BADE

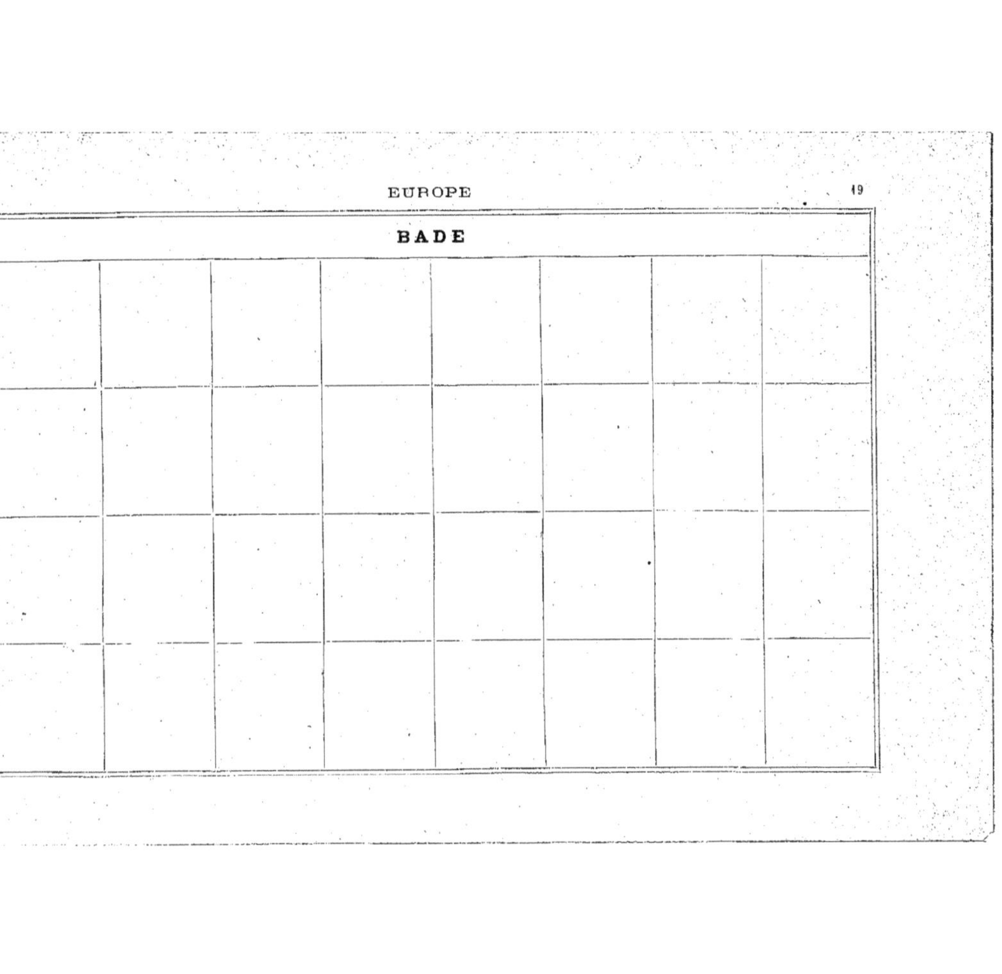

BAVIÈRE

LOUIS II

Né le 25 Août 1845

1849. — Timbres rectangulaires, chiffres dans un carré, couleur sur blanc : Noir, 1 kr.

1850. — Chiffres dans un cercle, fils de soie dans la trame du papier : Noir, 1 kr. — Rose, 1 kr. — Bleu, 3 kr. — Brun, 6 kr. — Vert, 9 kr. — Rouge, 12 k. — Jaune, 18 kr.

1862. — Semblables : Jaune, 1 kr. — Rose, 3 kr. — Bleu, 6 kr. — Bistre, 9 kr. — Vert, 12 kr. — Rouge, 18 kr.

1867. — Rectangulaires, armoiries en relief, en couleur sur blanc : Vert, 1 kr. — Rose, 3 kr. — Bleu, 6 kr. — Bistre, 9 kr. — Lilas, 12 kr. — Rouge, 18 kr. — 1868. — Bistre, 6 kr. — Bleu, 7 kr.

1870. — Timbres semblables : Vert, 1 kr. — Rose, 3 kr. — Bistre, 6 kr. — Bleu, 7 kr. — Lilas, 12 kr. — Brique, 18 kr.

Chiffres-taxe 1862. — Rectangulaires, chiffre au centre : Noir sur blanc, 3 kr.

Chiffres-taxe 1870. — Noir, 1 kr. — Noir, 3 kr.

Enveloppes 1869. — Armoiries en relief, imprimées en couleur sur blanc : Rose pâle, 3 kr.

Cartes de correspondance 1870. — Noir sur chamois (2 types).

Cartes de correspondance avec réponse payée 1872. — Armoiries sans timbre, divisées en deux parties : Vert. — Autre carte avec timbre à droite : Vert, 2 kr.

1872. — Timbres avec armoiries en relief, imprimés en couleur sur blanc, dentelés : Bistre-rouge, 9 kr. — Jaune, 10 kr.

BAVIÈRE

BELGIQUE

LÉOPOLD Ier
Né le 16 Décembre 1796

LÉOPOLD II
Né le 9 Avril 1835

1849. — Rectangulaires, non dentelés, effigie sans encadrement, en couleur sur blanc : — Brun noir, 10 c. — Bleu, 20 c.

1850. — Rectangulaires, effigie dans un ovale : LL enlacés en filigrane. — Bistre, 10 c. — Bleu, 20 c. — Carmin, 40 c.

1851. — Semblables : Vert foncé, 1 c. — Brun noir, 10 c. — Bleu, 20 c. — Carmin, 40 c.

1863 (dentelés). — Semblables : Vert foncé, 1 c. — Brun noir, 10 c. — Bleu, 20 c. — Carmin, 40 c.

1865. — Effigie à gauche, couleur sur blanc : Gris, 10 c. — Bleu, 20 c. — Bistre, 30 c. — Carmin, 40 c. — Lilas, 1 fr.

1866. — Timbres rectangulaires, armoiries dans ovale : Gris, 1 c. — Bleu, 2 c. — Bistre, 5 c.

1869-1870. — Effigie de Léopold II : Vert, 10 c. — Bleu, 20 c. — Ambre, 30 c. — Violet, 1 fr.

Chiffres-taxe 1870. — Vert, 10 c. — Bleu, 20 c.

Cartes de correspondance 1871. — Armoiries : Bistre, 5 c. — 1872, Carte avec réponse, carte double : violet, 5 c.

BELGIQUE

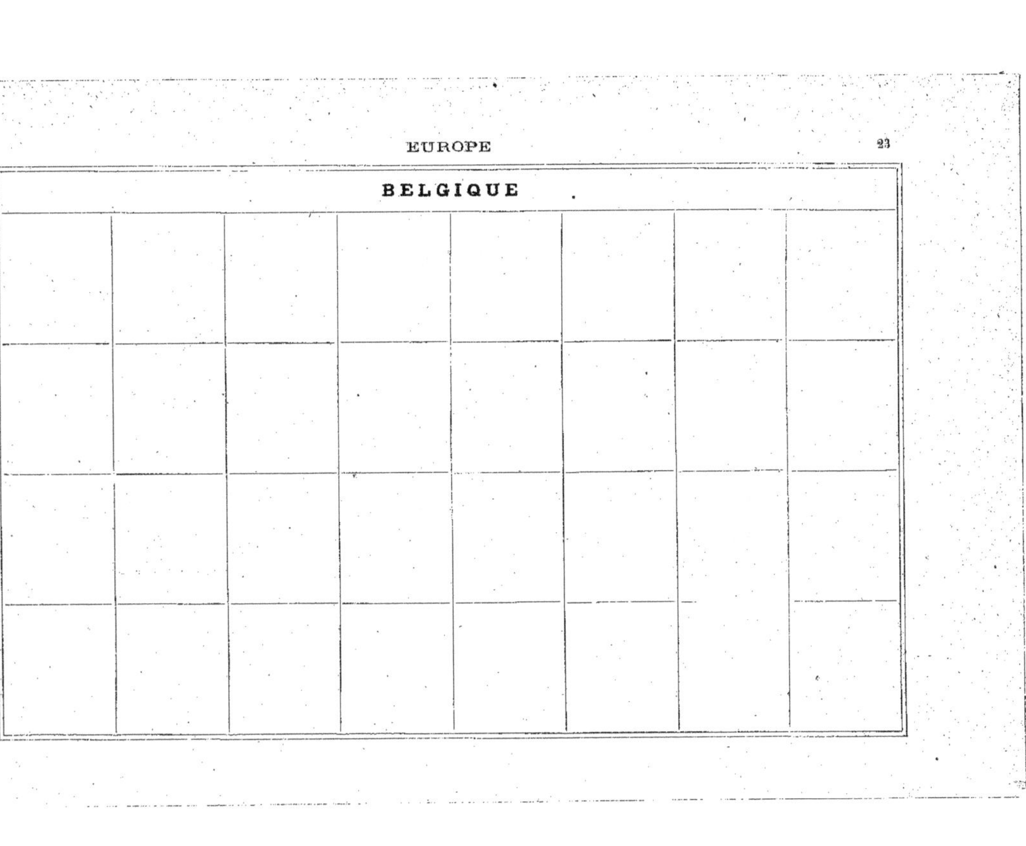

BERGEDORF

1861. — Timbres rectangulaires, armoiries dans un cercle perlé : Violet, 1/2 sch. — Bleu, 1/2 sch. — Blanc, 1 sch. — Jaune, 1 1/2 sch. — Rose, 3 sch. — Bleu sur rose, 3 sch. — Fauve, 4 sch.

BRÊME

1855. — Rectangulaires, armoiries, noir sur couleur : Bleu, 3 gr. — Rose, 5 gr. — Jaune, 7 gr.

Semblables, couleur sur blanc : Vert, 5 silb.

1861 (dentelés). — Semblables : Jaune, 2 gr. — Noir et bleu, 3 gr. — Noir et rose, 5 gr. — Noir, 10 gr. — Vert, 5 silb.

Enveloppes 1857. — Ovales, armes au centre, noir sur couleur : noir sur bleu. — Noir sur blanc.

Semblables sans le mot *franco*.

BERGEDORF			BRÊME			

BRUNSWICK

1852. — Timbres rectangulaires, cheval, imprimés en couleur sur blanc : Rose, 1 silb. — Bleu, 2 silb. — Rouge, 3 silb.

1853-1861. — Semblables, imprimés en noir sur couleur : Brun, 1/4 silb. — Blanc, 1/3 silb. — Vert, 1/2 silb. — Orange, 1 silb. — Bleu, 2 silb. — Rose, 3 silb. — Brun, 4/4 gut. — Bistre sur blanc, 4/4 gut.

1862. — Semblables : Jaune, 1 silb. — Rose, 3 silb. (non dentelé).

1866. — Timbres ovales, cheval sous couronne, en relief, imprimés en couleur sur blanc, dentelés : Noir, 1/3 grosch. — Rose, 1 gr. — Bleu, 2 gr. — Bistre, 3 gr.

Enveloppes 1855. — Cheval en relief. — Timbres ovales, imprimés en couleur sur blanc : Jaune, 1 grosch. — Bleu, 2 grosch. — Rose, 3 grosch.

1866. — Ovales plus petits que les précédents, semblables : Rose, 1 grosch. — Bleu, 2 grosch. — Bistre, 3 grosch.

BRUNSWICK

DANEMARK

1851. — Timbre rectangulaire, imprimé en couleur sur blanc, chiffre dans un cercle : Bleu, 2 rigbs.

     Timbres rectangulaires, imprimés en couleur sur blanc, armoiries dans une couronne : Brun, 4 rigsb.

1853. — Semblables, fond sablé : Bleu, 2 skil. — Brun, 4 skil. — Vert, 8 skil. — Lilas, 16 skil.

Dentelés. — Semblables : Bleu, 2 skil. — Lilas, 16 skil.

1858. — Semblables, fond ondulé : Brun, 4 skil. — Vert, 8 skil.

Dentelés. — Semblables : Brun, 4 skil. — Vert, 8 skil.

1864. — Timbres rectangulaires plus grands que les précédents, armes dans un ovale, chiffres aux angles, imprimés en couleur sur blanc : Bleu, 2 skil. — Lilas, 3 skil. — Rose, 4 skil. — Bistre, 8 skil. — Vert, 16 skil.

1870-1871. — Chiffre dans un ovale surmonté d'une couronne, dentelés : Bleu, 2 skil. — Violet, 3 skil. — Carmin, 4 skil. — Bistre, 8 skil. — Vert, 16 skil. — Mauve (cadre bistre), 48 skil.

Enveloppes 1865. — Timbres ovales, armoiries en relief dans un ovale, imprimés en couleur sur blanc : Bleu, 2 skil. — Rouge, 4 skil. Semblables, sans S après le chiffre : Rouge, 4 skil. — 8? — 16?

Enveloppes retourbriefe 1871.—Inscriptions et couronne dans un ovale, noir sur couleur

Cartes de correspondance 1871. — Timbre à droite, armoiries à gauche : Bleu, 2 skil. — Carmin, 4 skil.

1868. — Chiffre dans un ovale, couleur sur blanc : Brun, 2 skil.

1872. — Chiffre dans un cercle : Vert, 2 skil.

DANEMARK

EUROPE

DANEMARK

DANEMARK

DEUX-SICILES

(Naples)

1858. — Armoiries, Trinacrie, formes diverses, imprimés en couleur sur blanc : Rose 1/2 grano. — Rose, 1 gr. — Rose, 2 gr. — Rose, 5 gr. — Rose, 10 gr. — Rose, 20 gr. — Rose 50 gr.

GOUVERNEMENT PROVISOIRE.

1860. — Semblable : Bleu, 1/2 tornèse.

D° Semblable, croix de Savoie au centre d'un double cercle : Bleu, 1/2 tornèse.

1861. — Timbres rectangulaires, effigie du roi d'Italie en relief, imprimés en couleur sur blanc : Vert, 1/2 tornèse. — Bistre, 1/2 gr. — Noir, 1 gr. — Bleu, 2 gr. — Lilas, 5 gr. — Jaune, 10 gr. — Citron, 20 gr. — Gris-perle, 50 gr.

DEUX-SICILES (Naples)

ESPAGNE

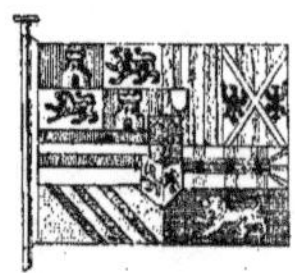

1850. — Timbres rectangulaires, imprimés en couleur sur blanc, effigie d'Isabelle II dans un carré, millésime : Noir, 6 cuartos. — Gris, 12 c. — Chair, 5 reales. — Bleu, 6 r. — Vert, 10 r.

1851. — Semblables, effigie dans un ovale, millésime : Noir, 6 c. — Lilas, 12 c. — Orange, 2 r. — Rose, 5 r. — Bleu, 6 r. — Vert, 10 r.

1852. — Semblables, effigie dans un cercle : Rose, 6 c. — Lilas, 12 c. — Orange, 2 r. — Vert, 5 r. — Bleu, 6 r.

Do   Ours grimpant à un arbre à dextre : Bronzé, 1 c. — Bronzé, 3 c.

1853. — Effigie dans un ovale, imprimés en couleur sur blanc : Rouge, 6 c. — Violet, 12 c. — Orange, 2 r. — Vert, 5 r. — Bleu, 6 r.

1854. — Armoiries, millésime : Vert, 2 c. — Rouge, 4 c. — Carmin, 6 c. — Noir, 1 r. — Vermillon, 2 c. — Vert, 5 c. — Bleu, 6 c.

1855. — Effigie de la reine à gauche, dans un cercle perlé, rectangulaires, en couleur sur blanc : Vert, 2 c. — Rouge, 4 c. — Bleu, 1 r. — Brun, 2 r.

1856. — Semblables, sur papier vergé : Vert, 2 c. — Rouge, 4 c. — Bleu, 1 r. — Brun, 2 r.

1857. — Semblables, sur papier uni : Vert, 2 c. — Rose, 4 c. — Orange, 12 c. — Bleu, 1 r. — Lilas, 2 r.

1860. — Effigie à gauche : Vert, 2 c. — Jaune, 4 c. — Rouge, 12 c. — Brun, 19 c. — Bleu, 1 r. — Lilas, 2 r. — Lilas, 2 r. (Caractères de la légende plus petits.)

ESPAGNE (Suite)

1862. — Effigie dans ovale. ESPANA en haut : Bleu sur jaune, 2 c. Brun sur saumon, 4 c. — Bleu sur rose, 12 c. — Carmin sur bleu, 19 c. — Brun sur jaune, 1 r. — Vert sur rose 2 r.

1864. — Semblables, avec millésime : Bleu sur lilas, 2 c. — Rouge sur chair, 4 c. — Vert sur rose, 12 c. — Lilas sur rose, 19 c. — Brun sur vert, 1 réal. — Bleu sur rose, 2 r.

1865. — Semblables, sans millésime, armes en haut, valeur en bas : Carmin, 2 c. — Bleu, 12 c. — Brun, 19 c. — Vert, 1 réal. - Violet, 2 r.

Dº (dentelés). — Semblables : Rose, 2 c, — Bleu, 4 c. — Bleu et rose, 12 c. — Brun, 19 c. — Vert, 1 réal. — Violet, 2 r.

1866. — Rectangulaires, effigie à gauche, écusson en haut, valeur en bas : Rose, 2 c. — Bleu, 4 c. — Orange, 12 c. — Brun, 19 c. — Vert, 10 *cent.* — Lilas, 20 *cent.* — Lilas, 20 *cent* (millésime).

1867. — Effigie à gauche, croix aux angles : Brun, 2 c. — Bleu, 4 c. — Orange, 12 c. — Rose, 19 c. — Vert, 10 *cent.* — Violet, 30 *cent.*

1867. — Semblables, légende sur blanc. — Bleu et rose, 25 mill. de escud. — Brun, 50 mill.

1868. Semblables, nouvelle légende en noir : Orange, 12 c. (la Nacion). — Violet, 20 c. (la Rebolucionaria). — Brun, 19 c. — Bleu, 25 mill. — Violet, 50 mill. — Brun, 100 mill. — Vert, 200 mill.

TIMBRES DE LA RÉVOLUTION.

Province de Cadix 1868. — Surchargés de la marque : HABILITADO POR LA NACION, en bleu : Jaune, 12 cuartos. — Rose, 19 cuartos. — Vert, 10 *cent.* — Lilas, 20 *cent.* — Bleu et rose, 25 mill. — Bistre, 50 mill.

Même marque en bleu : Vert, 5 mill. — Brun, 10 mill.

ESPAGNE (Suite)

1869. — Même marque en bleu : Brun, 19 cuartos. — Bleu, 25 mill. — Violet, 50 mill. — Brun, 100 mill. — Vert, 200 mill.

Province de Madrid. — Même marque en noir : Jaune, 12 cuartos. — Rose, 19 cuartos. — Vert, 10 cent. de esc. — Lilas, 20 c. de esc. — Bleu et rose, 25 mill. de esc. — Bistre, 50 mill. de esc. — Bleu, 25 mill. de esc. — Violet, 50 mill. de esc. — Brun, 100 mil. de esc. — Vert, 200 mill. de esc.

1870. — Figure allégorique de l'Espagne, en couleur sur blanc : Mauve, 25 mill. de esc. — Bleu, 50 mill. de esc. — Rouge, 100 mill. de esc. — Bistre, 200 mill. de esc. — Vert, 400 mill. de esc. — Lilas, 1,600 mill. de esc. — Bleu, 2 esc. — Chair, 12 esc. — Vert, 19 esc.

1870-1872. — Violet sur chair, 1 mill. de esc. — Noir sur chair, 2 mill. de esc. — Bistre, 4 mill. de esc. — Rose: 10 mill. de esc.

Effigie d'Amédée. — Bleu, 6 cent. de peseta. — Violet, 10 c. de peseta.

— Violet vif, 12 c. de peseta. — Bistre, 25 c. de peseta. — Jaune, 40 c. de peseta. — Vert, 50 c. de peseta. — Violet, 1 peseta. — Brun, 4 peseta. — Vert, 10 peseta.

1873. — Effigie du roi Amédée, en couleur sur blanc : Rose, 5 c. de peseta. — Bleu, 10 c. de peseta. — Violet, 20 c. de peseta.

1873. — Couronne murale sur la valeur dans un ovale, couleur sur blanc : 1 cent de peseta formé de 4 timbres d'un quart pouvant être détachés.

— Femme assise tournée à gauche s'appuyant sur les armes d'Espagne : Brique, 2 c. de peseta. — Rose, 5 c. — Vert, 10 c. — Noir, 20 c. — Brun, 25 c. — Violet, 40 c. — Bleu, 50 c. — Lilas, 1 peseta. — Brun, 4 pes. — Vert, 10 pes.

— Ligne de Sainte-Lucie à Castrie, navire au centre, chiffre au bas, couleur sur blanc : Bleu, 1 penny. — Rose, 3 pence. — Violet, 6 pence.

ESPAGNE

ESPAGNE (Suite)

ESPAGNE (Suite)

ÉTATS DE L'ÉGLISE

MASTAÏ (Ferretti)

Né à Sinigaglia le 13 Mai 1792

Évêque d'Imola le 7 Décembre 1832, Cardinal le 3 Décembre 1839

Élu pape le 16 Juin 1846

1852. — Timbres rectangulaires, imprimés en noir sur couleur, armoiries : Gris-bleu, 1/2 bajoque. — Vert-clair, 1 b. — Vert olive, 2 b. — Jaune, 3 b. — Ocre, 4 b. — Rose, 5 b. — Violet, 6 b. — Bleu, 7 b. — Noir, 8 b. — Bleu-ciel, 50 b. — Rouge, 1 scudo.

1867. — Semblables, papier glacé, monnaie en cent. : Vert, 2 c. — Gris, 3 c. (supprimé). — Vert-bleu, 5 c. — Vermillon, 10 c. — Rose, 20 c. — Jaune, 40 c. — Rose, 80 c.

1868 (dentelés). — Semblables : Vert, 2 c. — Gris, 3 c. — Bleu, 5 c. — Vermillon, 20 c. — Jaune, 40 c. — Rose, 80 c.

ROMAGNES.

1859. — Rectangulaires, noir sur couleur : Paille, 1/2 b. — Gris, 1 b. — Jaune, 2 b. — Vert foncé, 3 b. — Fauve, 4 b. — Violet, 5 b. Vert-jaune, 6 b. — Rose. 8 b. — Bleu, 20 b.

ÉTATS DE L'ÉGLISE. Romagnes

FINLANDE (RUSSIE)

1856. — Timbres ovales oblongs, imprimés en couleur sur blanc, armoiries : Bleu, 5 kop. — Rouge, 10 kop. — Bleu, 20 kop. — Noir, 20 kop.

1860. — Semblables, rectangulaires : Bleu clair, 5 kop. — Rose, 10 kop.

1866. — Semblables : Violet sur lilas, 5 penni. — Noir sur jaune, 10 p. — Noir sur vert, 8 p. — Bleu sur azuré, 20 p. — Carmin sur rose, 40 p. — Rouge sur brun, 1 mark.

1871. — Timbres de couleur sur couleur, dentelés : Brun-rouge sur lilas, 5 penni. — Noir sur paille, 10 p. — Bleu pâle sur azur, 20 p.

HELSINGFORS

1866. — Timbre ovale : Vert et rose, 10 penni.

1871. — Chiffre dans un ovale, rouge en haut, vert en bas, dentelé : Vert et rouge, 10 pen.

Enveloppes 1845. — Timbres ovales, armoiries : Rouge, 10 kop. — Bleu-verdâtre, 20 kop.

1850. — Ovales oblongs, armoiries : Bleu, 5 kop. — Rose, 10 kop.

1860. — Timbres rectangulaires, fond ondulé, armoiries : Bleu, 5 kop. — Rose, 10 kop.

Enveloppes 1872. — Imprimées en couleur sur blanc : Carmin, 20 kop. — Noir, 20 kop. — Bleu, 5 kop. — Carmin, 10 kop. — Noir, 20 kop.

Cartes de correspondance 1871. — Imprimées en couleur sur carton verdâtre, timbrées à gauche (3 types) : Vert, 8 penni. Impression en trois langues, carton chamois : Vert jaune, 8 penni.

TAMMERFORS

1866. — Timbre ovale, valeur dans un écusson : Bleu et vert, 12 penni.

HELSINGFORS	FINLANDE				TAMMERFORS	

GRANDE-BRETAGNE

VICTORIA Irᵉ (Alexandrine)

Née le 24 Mai 1819

Reine le 20 Juin 1837

1840. — Grande enveloppe gravée par Mulready : Noir, 1 penny. — Bleu, 2 pen. — Rectangulaires, V. R. en haut : Noir, 1 pen. — Noir uni, 1 pen. — Brun-rouge, 1 pen.

1841. — Semblables : Bleu, 1 p. — Rouge, 1 p. — Bleu, 2 p.

1842. — Grands timbres octogones, effigie en relief : Violet, 6 p. — Brun, 10 p. — Vert, 1 shilling.

1854. — Timbres rectangulaires, effigie : Rouge, 1 p. — Bleu, 2 p. — Timbres avec chiffres : Bleu, 2 p. (7). — Bleu, 2 p. (8). — Bleu, 2 p. (9).

Timbres sans lettres, rectangulaires : Rose, 4 p. — Viol[et], 6 p. — Vert, 1 shil.

1862. — Timbres avec petites lettres, semblables : Rose, 3 p. — Rouge, 4 p. — Violet, 6 p. — Bistre, 9 p. — Vert, 1 shil.

1864. — Timbres avec grandes lettres, semblables : Rose, 3 p. — Violet, 6 p. — Bistre, 9 p. — Vert, 1 shil.

1867. — Semblables, rose en filigrane : Rose, 3 p. — Violet, 6 p. — Brun, 10 p. — Vert, 1 shil. — Bleu, 2 shil.

GRANDE-BRETAGNE (Suite)

Enveloppes. — Timbres rond surmonté de la couronne royale, frappé à la main : Rouge (double filet). — Rouge (simple filet). — Rouge, octogone.

1849-1850. — Timbres ovales, effigie en relief, sans millésime : Rose, 1 p. — Bleu, 2 p.
Semblables avec millésime : Rose, 1 p. — Bleu, 2 p. — Rose vif, 3 p. (trilobé). — Vermillon, 4 p. (rond). — Violet, 6 p. (octogone courbe). — Vert, 1 shil. (octogone). Ces enveloppes sont tantôt sur papier blanc, bleu, jaune ou rose.

1869-1870. — Timbres dentelés, imprimés en couleur sur papier blanc : Rouge, 1/2 p. — Rouge, 1 p. — Rouge, 1 1/2 p. — Bleu, 2 p. — Rose, 3 p. — Vermillon, 4 p. — Lilas, 6 p. — Bistre, 9 p. — Brun, 10 p. — Vert, 1 shil. — Bleu, 2 shil. — Rose, 5 shil.

1872. — Effigie de la reine dans un hexagone, dentelés : Brun-jaune, 6 pence.

1872. — Lettres des angles sur fond blanc : Rose, 3 pence. — Vert, 1 shilling.

Enveloppes à doubles timbres. — 2 pence (1 et 1 p.). — 5 pence (4 et 1). — 5 pence (1 et 4). — 5 pence (3 et 2). — 7 pence (6 et 1). — 7 pence (1 et 6). — 7 pence (4 et 3). — 8 pence (6 et 2). — 8 pence (4 et 4). — 9 pence (6 et 3). — 9 pence (3 et 6). — 10 pence (6 et 4). — 10 pence (4 et 6). — 1 shil. et 2 p. — 1 shil. et 3 p. — 1 shil. et 4 p. — 1 shil. et 6 p.

Cartes de correspondance 1870. — Armoiries, entourage formé d'une grecque, timbre à droite, imprimées en couleur sur carton chamois : Lilas (grand format). — Lilas (petit format).

1873. — Effigie en relief de la reine, à droite, sur fond rose, impression noire sur carton blanc sans entourage : 1/2 p.

GRANDE-BRETAGNE

GRANDE-BRETAGNE (Suite)

GRANDE-BRETAGNE (Suite)

GRANDE BRETAGNE (Suite)

GRÈCE

OTHON (Frédéric-Louis)

Né le 1er Juin 1815

Élu le 7 Mai 1837, détrôné en 1863

GEORGES Ier, **Roi des Hellènes**

Né le 24 Décembre 1843

1861. — Timbres rectangulaires, tête de Mercure, imprimés en couleur sur blanc : Sépia, 1 lepton. — Bistre, 2 lept. — Vert, 5 lep. — Orange, 10 lep. — Bleu, 20 lep. — Violet, 40 lep.— Rose, 80 lep. (imprimés à Paris).

1862. — Timbres semblables : Sépia, 1 lep. — Bistre, 2 lep. — Ve 5 lep. — Orange, 10 lep. — Bleu, 20 lep. — Violet, 40 lep. Rose, 80 lep. (imprimés à Athènes).

1866 (variété). — Semblable : Lie de vin, 40 lep.

GRÈCE

HAMBOURG

1859. — Rectangulaires, armoiries chiffres, couleur sur blanc : Noir, 1/2 schilling. — Brun, 1 s. — Pensée, 1 1/4 s. — Rouge, 2 s. — Vert, 2 1/2 s. — Bleu foncé, 3 s. — Vert, 4 s. — Orange, 7 s. — Jaune, 9 s.

1864 (dentelés). — Noir, 1/2 s. — Brun, 1 s. — Pensée, 1 1/4 s. — Rouge, 2 s. — Vert, 2 1/2 s. — Bleu foncé, 3 s. — Vert, 4 s. — Jaune, 7 s. — Citron, 9 s.

Enveloppes 1866. — Rectangulaires, armoiries en relief, couleur sur blanc : Violet, 1 1/4 s. — Carmin, 1 1/2 s.

1866. — Rectangulaires, armoiries en relief, couleur sur blanc : Noir, 1/2 s. — Lilas, 1 1/4 s. — Carmin, 1 1/2 s. — Orange, 2 s. — Bleu, 3 s. — Vert, 4 s. — Violet, 7 s.

HAMBOURG

HANOVRE

GEORGES V (Frédéric-Alexandre-Charles)

Né le 27 Mai 1819, Roi le 18 Novembre 1851

1850. — Timbres rectangulaires, noir sur couleur, armoiries : Rose, 3 pfennige. — Bleu, 1 gut. — Vert, 1 gr. — Saumon, 1/30 tha. — Rouge, 1/30 tha. — Bleu, 1/18 thal. — Jaune, 1/10 tha.

1854. — Semblables, papier burelé très-large, horizontalement : Rose, 3 pf. — Vert, 1 gut. — Carmin, 1/30 tha. — Bleu, 1/15 tha. — Orange, 1/10 tha.

D° Semblables, papier burelé très-fin : Rose, 3 pf. — Vert, 1 gut. — Carmin, 1/30 tha. — Orange, 1/10 tha.

1859. — Rectangulaires, en couleur sur blanc, effigie à gauche : Rose, 1/10 tha. — Bleu, 2 gr. — Jaune, 3 gr.

1860. — Cor de chasse sous couronne : Noir, 1/2 gr. — Noir (dentelé), 1/2 gr.

1861. — Effigie à gauche : Vert, 10 gr.

1862. — Semblables : Rouge, 1 gr. — Bleu, 2 gr. — Orange, 3 gr.

D° (dentelés). — Semblables : Rouge, 1 gr. — Bleu, 2 gr. — Bistre, 3 gr.

1863. — Chiffre dans ovale : Vert (non dentelé), 3 p. — Vert (dentelé), 3 p. — Rose, 1 gr.

Ville de Hanovre. — Timbres ronds : Trèfle vert. — Cheval, vert.

1857. — Grands timbres ovales, effigie en relief à gauche : Vert, 1 gr. — Rose, 1 silb. — Bleu, 2 silb. — Jaune, 3 silb.

Chiffre sur les côtés. — Semblables : Rouge, 1 gr. — Bleu, 2 gr. — Jaune, 3 gr. — Bistre, 4 gr.

Timbres à droite. — Semblables : Carmin, 1 gr. — Bleu, 2 gr. — Bistre, 3 gr.

Timbres à gauche. — Semblables : Rose, 1 gr. — Bleu, 2 gr. — Bistre, 3 gr.

Bestellgeld free. — Noir. — Bleu.

HANOVRE

HELIGOLAND

(Possession Anglaise)

1867. — Timbres rectangulaires, imprimés en deux couleurs,
effigie de la reine Victoria en relief : Vert, 1/2 schilling. — Rouge, 1 sch. — Bleu et rouge, 2 sch. — Blanc et vert, 6 sch.

HOLSTEIN

(Duché)

1864. — Timbres rectangulaires, couleur sur blanc, valeur au centre : Bleu,
1 1/4 sch. (petites lettres). — Bleu clair. 1 1/4 s. (grandes lettres.)
D° Valeur, dans un carré, strié rose, lettre P, dans le fond : Bleu, 1 1/4 s.
1865. — Timbres ovales, chiffre en relief au centre : Vert, 1 1/2 s. —
Lilas. 1 1/4 s. — Rose, 1 1/3 s. — Bleu, 2 s. — Bistre, 4 s. — Violet, 1 1/4. — Bleu, 2 s.

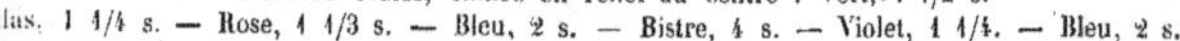

ILES IONIENNES

1869. — Effigie de la reine Victoria, imprimés en couleur sur blanc, sans
valeur indiquée : — Jaune. — Bleu. — Jaune.

HÉLIGOLAND	HOLSTEIN	ILES IONIENNES

ITALIE

VICTOR-EMMANUEL II

Né le 14 Août 1820

1850. — Timbres rectangulaires, imprimés en couleur sur blanc : Noir, 5 c. — Bleu, 20 c. — Rose, 40 cent.

1853. — Imprimés en relief sur papier de couleur : Vert, 5 c. — Bleu, 20 c. — Rose, 40 c.

1854. — Cadre de couleur, centre blanc et en relief, effigie en relief : Vert, 5 c. — Bleu, 20 c. — Carmin, 40 c.

1856-1863. — Légendes en blanc, effigie en relief à droite : Vert, 5 c. — Brun, 10 c. — Bleu, 15 c. — Bleu, 20 c. — Bleu, 15 c. (C. C.) — Rouge, 40 c. — Ocre, 80 c. — Doré, 3 lire.

1863 (dentelés). — Semblables : Vert, 5 c. — Bistre, 10 c. — Bleu, 20 c. — Carmin, 40 c. — Jaune, 80 c. — Doré, 3 lire.

1864. — Timbres plus grands, rectangulaires, dessins variés : Gris-vert, 5 c. — Brun-jaune, 10 c. — Bleu-pâle, 15 c. — Bru foncé, 30 c. — Carmin, 40 c. — Lilas, 60 c. — Rouge-orang 2 lire. — Bleu pâle, 20 c.

Timbres changés. — Bleu, 20 c. (sans points). — Bleu, 20 c. (quat points). — Bleu, 20 c. (douze points). — Timbres rectan gulaires, grand chiffres au centre : Vert bronze, 1 cent. — Brun, 2 c.

Chiffres-taxe. — Timbres oblongs, ovales, en couleurs sur blanc Jaune, 10 c. — Orange, 10 c.

Chiffres-taxe 1870-1871. — Chiffres dans un ovale oblong, imprim en couleur sur blanc, dentelés : 1 c., jaune et carmin. — 2 — 5 c. — 10 c. — 30 c. — 40 c. — 50 c. — 60 c. — 1 lir — Bleu et brun, 2 lire.

ITALIE

ITALIE

ITALIE

LIVONIE

———

1862. — Timbres oblongs, en couleur sur blanc : Noir sur rose. — Noir sur vert.

1871. — Ovale festonné, centre vert, timbres imprimés en couleur, sur papier blanc : Carmin. — Rouge.

1872. — Bras armé d'une épée dans un ovale rouge, inscriptions sur fond vert : Rouge et vert.

LIVONIE

LOMBARDIE
VÉNÉTIE

1850. — Timbres rectangulaires, armoiries : Orange, 5 c. — Noir, 10 c. — Rouge, 15 c. — Brun, 30 c. — Bleu, 45 c.

1858. — Semblables, effigie en relief à gauche de l'empereur François-Joseph Ier : Jaune, 2 s. — Vert, 3 soldi. — Noir, 3 s. — Rouge, 4 s. — Brun, 10 s. — Bleu, 15 s.

1861. — Timbres ovales, en couleur sur blanc, effigie en relief à droite ; Rouge, 5 s. — Brun-rouge, 10 s.

1863. — Semblables, armoiries en relief : Jaune, 2 s. — Vert, 3 s. — Rose, 5 s. — Bleu, 10 s. — Brun, 15 s.

1864. — Semblables, grosse dentelure : Jaune, 2 s. — Vert, 3 s. — Rose, 5 s. — Bleu, 10 s. — Brun, 15 s.

Enveloppes 1861. — Timbres ovales, en couleur sur bleu, effigie en relief à droite : Vert, 3 s. — Rouge, 5 s. — Rouge-brun, 10 s. — Bleu, 15 s. — Orange, 20 s. — Brun, 25 s. — Violet, 30 s. — Brun, 35 s.

1863. — Semblables, armoiries : Vert : 3 s. — Rose, 5 s. — Bleu, 10 s. — Bistre, 15 s. — Violet, 25 s.

COMPAGNIE DANUBIENNE.

1866. — Timbres oblongs, dentelés, valeur dans un ovale : Lilas, 10 s. — Vermillon, 17 s.

Semblables : Vert, 10 s. — Vermillon, 10 s. (erreur d'impression).

LOMBARDIE-VÉNÉTIE	COMPAGNIE DANUBIENNE

LUBECK
(VILLE LIBRE)

1859. — Timbres rectangulaires, armoiries, en couleur sur blanc :
Violet, 1/2 schilling. — Jaune, 1 s. — Brun, 2 s. — Rose,
2 1/2 s. — Vert, 4 s.

1863. — Ovales, armoiries en relief : Brun clair, 1 1/4 s. (non dentelé).
— Brun clair, 1 1/4 s. (dentelé). — Vert, 1/2 s. — Vermillon,
1 s. — Rose, 2 s. — Bleu, 2 1/2 s. — Bistre, 4 s.

1866. — Timbres aux angles évidés : Violet, 1 1/2 s.

Enveloppes 1863. — Timbres ovales, armoiries, en couleur sur blanc : Vert, 1/2 s. — Vermillon, 1 s. — Rose, 2 s. — Bleu, 2 1/2 s. — Bistre, 4 s.

LUXEMBOURG

GUILLAUME III

Roi de Hollande, Grand-Duc

1852. — Timbres rectangulaires, en couleur sur blanc, effigie à
gauche : Gris, 10 c. — Noir, 10 c. (papier azuré). — Brun,
1 silb.

1859. — Semblables, armoiries : Jaune, 1 c. — Noir, 2 c. — Jaune
clair, 4 c. — Bleu, 10 c. — Rose, 12 1/2 c. — Brun, 25 c. —
— Violet, 30 c. — Vert, 37 1/2 c. — Violet, 40 c.

1866 (dentelés). — Rectangulaires, armoiries : Brun, 1 c. — Lilas, 10 c.
— Rose, 12 1/2 c. — Bistre, 20 c. — Bleu, 25 c. — Bistre,
37 1/2 c. — Vermillon, 40 c.

1868. — Rectangulaires, dentelés : Bistre, 1 c. — Noir, 2 c.

1871. — Armoiries dans un cercle. — Vert, 4 cent.

1872. — Semblables : Brun, 4 cent. — Brun foncé, 20 c. — Bleu terne
25 c. — Timbre avec le mot UN FRANC en surcharge noire :
Bistre, 1 fr.

Cartes de correspondance 1870. — Grandes cartes imprimées en noir
sur carton chamois, case réservée à droite pour le timbre,
en langue française. — 2° carte de même dimension en langue
allemande.

1873. — Cartes de correspondance avec réponse payée. — Carte double,
texte allemand, en noir sur couleur (3 types).

LUBECK				LUXEMBOURG			

MALTE

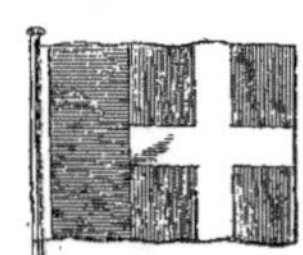

1860. — Timbre rectangulaire, effigie de la reine Victoria à gauche dans ovale, légende en grec : Bistre, 1/2 penny. — (C. C. en filigrane.)

MECKLEMBOURG-SCHWÉRIN

FRÉDÉRIC-FRANÇOIS
Né le 28 Février 1823, Grand-Duc le 7 Mai 1842.

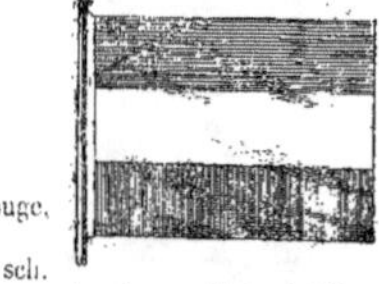

1856. — Timbres rectangulaires, en couleur sur blanc, armoiries : Rouge, 4/4 sch. — Jaune, 3 sch. — Bleu, 5 sch. (non dentelés).
Dentelés. — Rouge, 4/4 sch. — Violet, 2 sch. — Jaune, 3 sch. — Bistre, 5 sch.
Enveloppes 1856. — Timbres ovales, armoiries en relief, inscriptions en grosses lettres : Rouge brique, 1 sch. — Vert, 1 1/2 sch. Jaune, 3 sch. — Bleu, 5 sch.
Semblables, petites lettres : Rouge brique, 1 sch. — Vert, 1 1/2 sch. — Violet, 2 sch. — Jaune, 3 sch. — Bleu, 5 sch. — Bistre, 5 sch.

MECKLEMBOURG-STRÉLITZ

FRÉDÉRIC-FRANÇOIS
Né le 17 Octobre 1819, Grand-Duc le 6 Septembre 1860.

1864. — Timbres rectangulaires, dentelés, en couleur sur blanc, armoiries : Orange, 1/4 silb. — Vert, 1/3 silb. — Violet, 1 sch. — Timbres octogones : Rose, 1 silb. — Bleu, 2 silb. — Bistre, 3 sch.
Enveloppes. — Timbres octogones, armoiries en relief : Rose, 1 silb. — Bleu, 2 silb. — Bistre, 3 silb.

MALTE	MECKLEMBOURG-SCHWÉRIN				MECKLEMBOURG-STRÉLITZ		

MODÈNE
(Duché)

FRANÇOIS V
Né le 1er Juin 1819.

1854. — Timbres rectangulaires, noir sur couleur, armoiries : Vert, 5 c. — Rose, 10 c. — Jaune, 15 c. — Chair, 25 c. — Bleu, 40 c. — Blanc, 1 lira. — Violet, 9 c. (B. G. en grosses lettres). — Violet, 9 c. (B. G. en petites lettres).

MODÈNE (gouvernement provisoire).

1859. — Timbres rectangulaires, en couleur sur blanc, croix de Savoie : Vert, 5 c. — Brun, 15 c. — Bleu, 20 c. — Rose, 40 c. — Orange, 80 c.

NORWÉGE

1855. — Timbre rectangulaire, armoiries : Bleu, 4 skillings.
1856. — Semblables, effigie à gauche : Jaune, 2 sk. — Violet, 3 sk. — Bleu, 4 sk. — Rose, 8 sk.
1863. — Semblables, armoiries, dentelés : Jaune, 2 sk. — Lilas, 3 sk. — Bleu, 4 sk. — Rose, 8 sk. — Bistre, 24 sk.

1867. — Semblables, chiffres aux deux angles inférieurs, dentelés : Noir, 1 sk. — Ocre, 2 sk. — Violet, 3 sk. — Bleu, 4 sk. — Rose, 8 sk. — Bistre, 24 sk.
Enveloppes 1872. — Chiffre dans un cor surmonté d'une couronne, timbres à droite : Carmin, 3 skil.
Cartes de correspondance 1872. — Carton chamois avec timbre rose à droite, 3 sk. (4 types).
1873. — Timbre avec un chiffre dans un cor de poste, dentelés, en couleur sur blanc : Bleu foncé, 2 sk.

1865. — BERGEN. — Rectangulaires, armoiries, couleur sur blanc : Brun. — Rose, 2 sk.
1865. — DRONTHEIM. — Carré, chiffre dans ovale : Brun.
1872. — Chiffre dans une jarretière en ovale, dentelés, en couleur sur papier blanc : Bleu, 1/2 skil. — Rose, 1 skil. — Vert, 2 sk.
1869. — DRAMMEN. — Rectangulaires, armoiries dans ovale : Bleu sur blanc, 1 sk. — Violet, 1 sk. — Bleu sur rose, 1 sk. Timbres plus petits, armoiries dans carré : Lilas sur blanc, 2 sk. — Vert, 2 sk.

MODÈNE	NORWÉGE Bergen-Drontheim

OLDENBOURG

PIERRE (Nicolas-Frédéric)

Né le 8 Juillet 1827.

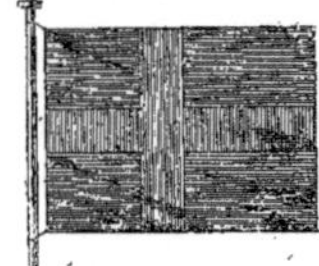

1852. — Timbres rectangulaires, en noir sur couleur, armoiries : Vert, 1/3 silb. — Bleu, 1/30 th. — Rose, 1/15 th. — Jaune, 1/10 th.

1860. — Semblables, chiffres sur les côtés : Vert, 1/3 gr. — Bleu, 1 gr. Rose, 2 gr. — Jaune, 3 gr.

1861. — Semblables, en couleur sur blanc : Orange. 1/4 gr. — Vert, 1/3 gr. — Marron, 1/2 gr. — Bleu, 1 gr. — Rouge, 2 gr. — Jaune d'or, 3 gr.

1862. — Timbres ovales, dentelés, armoiries en relief : Vert, 1/3 gr. — Orange, 1/2 gr. — Rose, 1 gr. — Bleu, 2 gr. — Bistre, 3 gr.

Enveloppes 1860. — Timbres ovales, armoiries en relief sur blanc : Brun, 1/2 gr. — Bleu, 1 gr. — Rose, 2 gr. — Jaune, 3 gr. — (Estampilles à gauche.)

1862. — Semblables : Vermillon, 1/2 gr. — Rose, 1 gr. — Bleu, 2 gr. Bistre, 3 gr. — (Estampilles à droite).

OLDENBOURG

PARME
(Duché)

ROBERT Ier de Bourbon
Né le 9 Juillet 1848.

1852. — Timbres rectangulaires, imprimés en couleur sur blanc. Fleur de lys couronnée : Jaune, 5 c. — Vermillon, 15 c. — Brique, 25 c.

1857. — Semblables, noir sur couleur : Jaune, 5 c. — Blanc, 40 c. — Rose, 15 c. — Violet, 25 c. — Bleu, 40 c.
1857. — Rectangulaires, fleur de lys dans un écusson : Rouge, 15 c. — Brun, 25 c. — Bleu, 40 c.

PARME
(Gouvernement provisoire)

1859. — Noir sur couleur, octogones : Vert, 5 c. — Bistre, 10 c. — Bleu, 20 c. — Vermillon, 40 c. — Jaune, 80 c.

PARME (Duché)			PARME (Gouvernement provisoire)		

PAYS-BAS

GUILLAUME III
Né le 19 Février 1817.

1852. — Timbres rectangulaires, en couleur sur blanc, effigie : Bleu, 5 c. — Rose, 10 c. — Orange, 15 c.

1862 (dentelés). — Semblables, valeur en haut : Bleu, 5 c. — Rose, 10 c. — Orange, 15 c.

1867. — Semblables, effigie à gauche, valeur en bas : Bleu, 5 c. — Rouge, 10 c. — Ocre, 15 c. — Vert, 20 c. — Violet, 25 c. — Or, 50 c.

1868. — Armoiries, dentelés, imprimés en couleur sur blanc : Noir, 1 c. — Jaune, 2 c.

1869. — Semblables : Rose, 1 1/2 c. — 1870 : Bistre, 4/2 c. — Lilas, 2 1/2 c.

1870-1871. — Armoiries, imprimés en couleur sur blanc : Bistre, 1/2 c. — Vert, 1 c. — Rose, 1 1/2 c. — Jaune, 2 c. — Violet, 2 1/2 c.

1872. — Effigie du roi Guillaume dans un cercle perlé, dentelés, imprimés en couleur sur blanc : Bleu, 5 c. — Carmin, 10 c. — Brun, 15 c. — Vert, 20 c. — Violet, 25 c. — Chamois, 50 c. — Rose et bleu, 2 1/2 fl.

Chiffres-taxe 1870. — Chiffres dans un cercle, imprimés en couleur sur couleur : Brun sur orange, 5 c. — Rose sur bleu, 10 c.

Cartes de correspondance 1871. — Impression violette sur carton chamois, cadre orné, timbre aux armoiries à droite, 2 1/2 c. — Semblable (sans timbre). — 1872. Semblable (sans avis).

1872. — Cartes de correspondance avec réponse. — Double carte sans avis, avec timbre à droite sur carton chamois : Violet, 2 1/2 c.

POLOGNE

1858. — Timbre rectangulaire, armes, dentelé, couleur sur blanc : Bleu, 10 kop.

Enveloppes 1851. — Timbres ronds, armoiries russes : Bleu, 3 kop. — Noir, 10 kop.

PAYS-BAS

PAYS-BAS

PAYS-BAS				POLOGNE			

PORTUGAL

DONA MARIA

(Régente)

1853. — Timbres rectangulaires à coins arrondis, effigie en relief :
Brun, 5 r. — Bleu, 25 r. — Vert, 50 r. — Lilas, 100 r.

DON PEDRO V D'ALCANTARA

Né le 16 Septembre 1837, Roi le 19 novembre 1853
.Mort en 1862.

1853. — Semblables, effigie à gauche, cheveux lisses. Marron, 5 reis.
— Bleu, 25 reis. — Vert, 50 r. — Lilas, 100 r.
Semblables : cheveux bouclés : Marron, 5 r. — Bleu, 25 r.

DON LUIS Ier

Né le 31 Octobre 1858.

1862. — Rectangulaires, effigie à gauche : Brun, 5 r. — Jaune, 10 r.
Rose, 25 r. — Vert, 50 r. — Violet, 100 r.
1866. — Semblables : Noir, 5 r. — Jaune, 10 r. — Bistre, 20 r.
Rose, 25 r. — Vert, 50 r. — Orange, 80 r. — Violet, 100
— Bleu, 120 r. — 240 reis.
1867 (dentelés). — Effigie en relief, rectangulaires, dentelés : No
5 reis. — Jaune, 10 reis. — Rose, 25 reis. — Vert, 50 reis.
Indigo, 120 reis.
1871. — Effigie de don Luis en relief, dentelés, imprimés en coul
sur papier blanc : Noir, 5 reis. — Jaune, 10 r. — Bistre, 20
— Rose, 25 r. — Vert, 50 r. — Orange, 80 r. — Lilas, 100
— Bleu, 120 r.

PORTUGAL

PORTUGAL

AÇORES

1868. — Timbres rectangulaires, en couleur sur blanc : Noir, 5 reis. — Bistre, 20 reis. — Vert, 50 reis. — Orange, 80 reis. — Lilas, 100 reis.

Timbres semblables, dentelés : Noir, 5 r. — Jaune, 20 r. — Rose, 25 r. — Vert, 50 r. — Orange, 80 r. — Lilas, 100 r. — Bleu, 120 r. — Violet, 240 r.

MADÈRE

1868. — Timbres rectangulaires, imprimés en noir : Noir, 5 r. — Bistre, 20 r. — Vert, 50 r. — Orange, 80 r. — Lilas, 100 r. Timbres semblables, dentelés : Noir, 5 r. — Jaune, 20 r. — Rose, 25 r. — Bleu, 120 r.

1871-1872. — Effigie de don Luis en relief, le nom de MADEIRA en surcharge noire pour tous les timbres excepté pour le 5 reis où il est en rose : Noir, 5 r. — Jaune, 10 r. — Bistre, 20 r. — Rose, 25 r. — Vert, 50 r. — Orange, 80 r. — Lilas, 100 r. — Bleu, 120 r. — Violet, 240 r.

ANGOLA

1869. — Timbres rectangulaires, imprimés en couleur sur blanc : Noir, 5 r. — Jaune, 10 r. — Bistre, 20 r. — Rose, 25 r. — Vert, 50 r. — Orange, 80 r. — Lilas, 100 r. — Bleu, 120 r.

PORTUGAL-AÇORES (Iles)	**MADÈRE (Ile)**	**ANGOLA**

PRUSSE

FRÉDÉRIC-GUILLAUME IV

Né le 15 Octobre 1795
Roi le 7 Juin 1840
Mort le 2 Janvier 1860

Émission de 1850 (15 nov.) (fond blanc). — Timbres rectangulaires, tête nue du Roi à droite sur fond quadrillé, imprimés en couleur sur blanc : Vert, 4 pfennige. — Rouge semblable, 5 pf. (1er mai 1856).

(Fond de couleur.) — Timbres rectangulaires, tête nue du Roi à droite, imprimés en noir sur couleur : Rose, 1 silber. — Bleu foncé, 2 silb. — Jaune d'or, 3 silb.

(Fond de couleur.) — Timbres semblables, sans couronne, dans le papier : Rose, 1 silb. — Bleu foncé, 2 silb. — Jaune d'or, 3 silb.

Émission de 1857 (fond uni). — Timbres rectangulaires, tête nue du Roi à droite : Rose, 1 silb. — Bleu ciel, 2 silb. — Jaune ocre, 3 silb.

(Fond uni.) Rose foncé, 1 silb. — Bleu foncé, 2 silb. — Jaune foncé, 3 silb.

(Fond quadrillé, 1858.) — Timbres semblables aux précédents sur fond quadrillé : Vert, 4 pf. — Rouge, 6 pf. — Rose pâle, 1 silb. — Rose foncé, 1 silb. — Bleu pâle, 2 silb. — Bleu foncé, 2 silb. — Jaune clair, 3 silb. — Jaune ocre, 3 silb.

PRUSSE

PRUSSE

GUILLAUME Ier

Né le 21 Mai 1797

Roi le 4 Janvier 1861

Timbres octogones 1861. — Timbres octogones, aigle au centre : Vert, 1 pf. — Orange, 6 pf. — Émission de 1865. — Semblable : Violet, 3 pf.

1867. — Timbres octogones, dentelés, imprimés en couleur sur blanc, aigle : Vert, 1 kreutzer. — Orange, 2 kr. — Rose, 3 kr. — Bleu outremer, 6 kr. — Bistre rouge, 9 kr.

Timbres ovales (dentelés), imprimés en couleur sur blanc, aigle : Rose 1 silb. — Bleu, 2 silb. — Bistre, 3 silb.

PRUSSE

PRUSSE

Enveloppes

Enveloppes. — Grands timbres ovales imprimés en couleur sur blanc. Effigie du Roi en relief blanc à droite : Rose, 1 silbergrochen. — Rouge, 1 silb. — Bleu pâle, 2 silb. — Bleu foncé, 2 silb. — Orange, 3 silb. — Jaune, 3 silb.

Timbres semblables : Rose, 1 silb. — Rouge, 1 silb. — Bleu pâle, 2 silb. — Bleu foncé, 2 silb. — Jaune orange, 3 silb. — Jaune clair, 3 silb.

Timbres octogones, semblables, avec fils de soie, mais sans inscrip-

tions : Marron, 4 silb. — Violet, 5 silb. — Vert, 6 silb. — Vermillon, 7 silb.

Timbres ovales, en relief, aigle, chiffre sur les côtés : Rose, 1 silb. — Bleu, 2 silb. — Bistre, 3 silb. — Semblables : Rose, 1 silb. — Bleu, 2 silb. — Bleu clair, 3 silb.

D°   Timbres octogones, aigle, semblables, inscriptions en travers du timbre : Violet, 3 pf. — Orange, 6 pf. (Chiffre, aux quatre angles).

PRUSSE

PRUSSE

Grandes enveloppes de guerre, octogones : Vert, 4 pf.
Semblables, rectangulaires : Vert, 1/2 gros.

PRUSSE

PRUSSE

États confédérés de l'Allemagne du Nord

Timbres rectangulaires, dentelés, imprimés en couleur sur blanc : Violet, 1/4 silb. — Vert, 1/3 silb. — Orange, 1/2 silb. — Rose, 1 silb. — Bleu, 2 silb. — Bistre, 5 silb.

TIMBRES RÉSERVÉS A L'ALLEMAGNE DU SUD

Timbres rectangulaires, dentelés, imprimés en couleur sur blanc : Vert, 1 kreutzer. — Orange, 2 kr. — Rose, 3 kr. — Bleu, 7 kr. — Bistre, 18 k.

Enveloppes pour les États du Nord, même type.

Enveloppes de l'ancien type recouvertes d'un timbre mobile collé par dessus, rectangulaire : Rose, 1 silb. — Bleu, 2 silb.

PRUSSE (États Confédérés de l'Allemagne du Nord)

RUSSIE

ALEXANDRE II (Nicolaïewitsch)

Né le (17) 29 Avril 1818

Empereur le 1er Mars 1855

1857. — Timbre rectangulaire, non dentelé, imprimé en couleur sur blanc, armes : Brun et Bleu, 10 kop.

1858. — Timbres semblables, dentelés, imprimés à l'huile : Brun sur fond bleu, 10 kop. — Bleu sur fond jaune, 20 kop. — Rose sur fond vert, 30 kop.

1863. — Timbres semblables, imprimés en couleur à l'eau, dentelure plus fine : Brun, 10 kop. — Bleu, 20 kop. — Rose, 30 kop. Timbre rectangulaire, imprimé en couleur sur papier blanc, armes en noir : Bleu-ciel, 5 kop.

1864. — Timbres rectangulaires (dentelés), sans manteau impérial, imprimés à l'eau en noir sur couleur : Jaune clair, 1 kop. — Vert, 3 kop. — Violet, 5 kop. — Timbres semblables, imprimés en couleur à l'eau : Jaune clair, 1 kop. — Vert, 3 kop. — Violet, 5 kop.

Enveloppes 1845. — Grand timbre rond pour la ville de Saint-Pétersbourg, imprimé en bleu sur blanc, armes sans relief, 5 kop.

— Grands timbres ronds, armoiries, impression en relief sur papier blanc, légende circulaire : Noir, 10 kop. — Bleu, 20 kop. — Rose, 30 kop.

1869. — Timbre rond : Lie de vin, 5 kop.

1872. — Enveloppes semblables aux précédentes, estampillées à droite : Rose, 5 kop. — Marron, 10 kop. — Bleu, 20 kop. — Carmin, 30 kop.

Cartes de correspondance 1872. — Inscriptions dans un encadrement orné, armoiries, sans timbre, impression noire sur carton gris. — Variété avec timbre ovale à droite : Marron, 3 kop. — Vert, 5 kop.

Il existe, dans ce pays, un très-grand nombre de timbres, pour les postes de village, nous réservons une quantité de cases pour les y placer ; mais les limites de ce livre nous obligent à ne pas en donner la longue nomenclature que l'on retrouvera, du reste, dans notre Album (2° partie).

RUSSIE

RUSSIE

RUSSIE

SAXE

FRÉDÉRIC-AUGUSTE
Né le 18 Mai 1797

1850. — Timbre carré : Rouge, chiffre indiquant la valeur, 3 pfennige.
— Rose, 3 pf.

1854. — Vert rectangulaire, armoiries, 3 pf.

1851. — Timbres rectangulaires, imprimés en noir sur couleur, tête
nue du Roi à droite : Gris clair, 1/2 neugr. — Rose, semblable,
1 neugr. — Bleu foncé, 2 neugr. — Bleu clair, semblable,
2 neugr. — Jaune d'or, semblable, 3 ngr.

JEAN (Népomucène-Marie-Joseph)
Né le 12 Décembre 1801
Frère et successeur du Roi Frédéric

1854-1856. — Timbres rectangulaires, imprimés en noir sur coule
tête nue du roi Jean à gauche : Gris, 1/2 neugr. — Ro
semblable, 1 ngr. — Bleu, semblable, 2 ngr. — Jau
semblable, 3 ngr. — Timbres semblables, imprimés en c
leur sur blanc : Bistre, 5 ngr. — Rouge, semblable, 5 ngr.
Bleu ciel, 10 ngr.

1863. — Timbres rectangulaires (dentelés), imprimés en couleur
blanc, armoiries en relief : Vert, 3 pfennige. — Rouge,
ngr. — Timbres à ovales brisés : Rose, 1 ngr. — Bleu, 2 n
— Bistre, 3 ngr. — Violet, 5 ngr.

SAXE

SAXE

Enveloppes 1859. — Grands timbres ovales, imprimés en couleur sur blanc, tête du roi Jean à gauche, sur fond blanc : Rose, 1 ngr. — Bleu ciel, 2 ngr. — Bleu foncé, 2 ngr. — Jaune d'or, 3 ngr. — Violet clair, 5 ngr. — Violet foncé, 5 ngr. — Vert, 10 ngr.

2ᵉ Émission. — Grands timbres ovales, imprimés en couleur : Rose, 1 ngr. — Bleu clair, 2 ngr. — Orange, 5 ngr. — Violet pâle, 5 ngr. — (Inscription en vert à droite de l'enveloppe.)

3ᵉ Émission. — Petits timbres ovales, imprimés en couleur sur blanc, armes en relief : Rose, 1 ngr. — Bleu, 2 ngr. — Bistre, 3 ngr. — Violet, 5 ngr.

4ᵉ Émission 1865. — Timbre octogone, imprimé en couleur sur blanc, armes en relief : Vermillon, 1/2 ngr.

SAXE

 # SAXE-DRESDE 

DRESDE. — 1re Émission (non dentelés). — Timbres rectangulaires, imprimés en couleur sur blanc, armes au centre, quatre angles : Vert, 3 pf. — Orange, 1/2 ngr. — Rose, 1 ngr.

2° Émission (dentelés). — Timbres semblables : Vert, 3 pf. — Orange, 1/2 ngr. — Rose, 1 ngr.

3° Émission (non dentelés). — Timbres rectangulaires, armes au centre : Bleu sur blanc, 1 ngr. — — Lilas, 2 ngr. — Rose, 2 1/2 ngr. Chamois, 3 ngr. — Vert, 5 ngr.

4° Émission (dentelés). — Timbres semblables : Bleu sur blanc, 1 ngr. — Lilas, 2 ngr. — Rose, 2 1/2 ngr. — Chamois, 3 ngr. — Vert, 5 ngr.

5° Émission 1868. — Timbres rectangulaires, dentelés, imprimés en couleur sur blanc, armes au centre : Vert, 1/4 gr. — Lilas, 1/3 gr. — Orange, 1/2 gr. — Rose, 1 gr. — Bleu, 3 gr. — Bistre, 5 gr.

Enveloppes 1865-1866. — Timbres ovales, imprimés en couleur sur blanc, armes au centre : Jaune, 1/2 ngr. — Jaune, 1 ngr. — Rouge, 1/2 ngr. — Rouge, 1 ngr.

Do   Timbres semblables sur papier jaune : Jaune, 5 pf. — Jaune, 1/2 ngr. — Rouge, 1 ngr. (papier uni). — Rouge, 1 ngr. (papier vergé).

1868. — Timbres rectangulaires, imprimés en couleur sur blanc, gaufrés, armoiries : Vert, 1/4 gr. — Violet, 1/3 gr. — Orange, 1/2 gr. — Rose, 1 gr. — Bleu, 2 gr. — Bistre, 5 gr.

SAXE-DRESDE

SCHLESWIG
HOLSTEIN

(Duché)

1850. — Timbres rectangulaires, imprimés en couleur sur blanc. Écu parti de Holstein à dextre et de Schleswig à sénestre, en relief sur fond blanc, dans un ovale posé en cœur sur une aigle éployée : Bleu, 1 s. — Rose, 2 s.

1864. — Timbre ovale, imprimé en couleur sur blanc, chiffre en relief au centre : Rose, 1/2 s. — Ovale, vert, 1 1/2 s. — Lilas, 1/3 s. — Bleu, 2 s. — Bistre, 4 s.

SCHLESWIG (Duché)

1864. — Timbres ovales, chiffres en relief sur couleur : Vert, 1 1/4 s. Rose, 4 s.

1865. — Timbres semblables : Lilas, 1 1/4 s. — Rose, 1 1/3 s. — Vert, 1 1/2 s. — Bleu, 2 s. — Bistre, 4 s.

SCHLESWIG-HOLSTEIN (Duché)	SCHLESWIG (Duché)

SUÈDE

OSCAR Ier (Joseph-François)
Né le 4 Juillet 1799, Roi le 3 Mars 1844
Mort en 1859.

CHARLES XV (Louis-Eugène)
Né le 3 Mai 1826, Roi le 8 Juillet 1859.

1855. — Timbres rectangulaires, écusson couronné au centre, imprimés en couleur sur blanc : Vert, 3 skillings banco. — Bleu, 4 sk. b, — Gris, 6 sk. b. — Jaune, 8 sk. b. — Orange, 8 sk. b. — Vermillon, 24 sk. b.

1858. — Semblables : Vert, 5 ore. — Violet, 9 ore. — Bleu foncé, 12 ore. — Bleu clair, 12 ore. — Jaune foncé, 24 ore. — Jaune clair, 24 ore. — Brun rouge, 30 ore. — Rose, 50 ore.

Ville de Stockolm 1855. — Timbre rectangulaire : Noir, 3 ore. — Semblable, Bistre, 3 ore (1862).

1862. — Timbre rectangulaire, dentelé, SVERIGE en haut, lion couché au centre soutenant l'écusson du royaume, 3 ore. — Freimarke, Brun clair, 3 ore. (De 1855 à 1858, on a compté en skillings de banque, et depuis en ore).

1866. — Timbres rectangulaires, dentelés, imprimés en couleur sur blanc, armoiries : Violet, 17 ore. — Rouge brique, 20 ore.

1872. — Chiffres dans un cercle, imprimés en couleur sur blanc, dentelés : Brun, 3 ore. — Bleu, 5 ore. — Pensée, 6 ore. — Bleu pâle, 12 ore. — Vermillon, 20 ore. — Jaune pâle, 24 ore. — Brun, 30 ore. — Rose, 50 ore.

1872. — Armoiries dans un cercle ; jaune et bleu, 1 riksdaler.

Enveloppes 1872. — Armoiries en relief dans un ovale oblong, timbrées à droite et imprimées en couleur sur blanc. — Bleu, 12 ore.

Cartes de correspondance avec réponse payée, 1873. — Estampillées à droite, encadrement lilas : Bleu, 12 ore. — Lilas, 6 ore. — Carmin, 10 ore.

Do Cartes doubles : Lilas, 12 ore. — Carmin, 20 ore.

SUÈDE

SUISSE

(Administrations Cantonales)

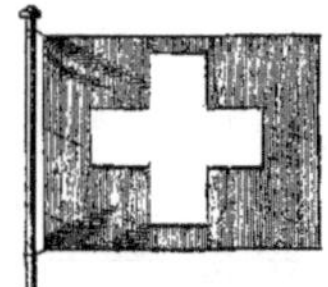

Canton de Bâle 1845. — Timbre carré de gueules à la colombe d'argent portant une lettre sur fond bleu : Bleu, 2 1/2 rappen.

Canton de Vaud 1850. — Timbres oblongs, croix grecque argent sur fond de gueules : Cor de poste contenant le cercle noir, 4 centimes. — Noir, 5 centimes.

Canton de Neufchàtel 1850. — Timbre rectangulaire, imprimé en noir, croix d'argent sur fond de gueules : Noir, 5 centimes.

Canton de Genève 1844. — Timbre double oblong, formé de deux timbres de 5 c. de port local, l'un de ces timbres est un peu plus grand que l'autre : Vert, 10 cent. — Timbre rectangulaire plus grand, imprimé en noir sur papier vert, armes semblables : Vert clair, 5 cent., la queue du 5 est recourbée ; timbre gravé très-finement, banderole éloignée du cadre. Pour les timbres suivants, la banderole touche le cadre. — Timbre semblable, l'aigle plus grande dont les ailes touchent le bord du timbre : Vert clair, 5 cent., queue du 5 droite et haute. — Timbre semblable : Vert foncé, 5 cent.

Timbre rectangulaire imprimé en vert sur blanc, semblable, aigle couronnée : Vert pâle, 5 cent.

Enveloppe. — Timbre rectangulaire imprimé en vert sur blanc, aigle couronnée, rayons de la gloire plus grands : Vert pâle, 5 cent.

Canton de Zurich. — Timbres rectangulaires imprimés en noir sur blanc, fond en lignes roses posées horizontalement : Noir, 4 rap. — Noir, 6 rap. (LOCAL-TAXE).

Timbres semblables, lignes verticales : Noir, 4 rap. (LOCAL-TAXE).— Noir, 6 rap. (CANTONNAL-TAXE). — Timbres semblables sans lignes roses : Noir, 4 rap. — Noir, 6 rap.

Timbre oblong, croix cotissée d'argent sur fond de gueules dans un cercle posé sur un cartouche soutenu par un cor de poste : Noir, 6 rap.

Bains du Rigi. — Timbre ondulé, dentelé, imprimé en couleur sur blanc : Brun rouge, 15 c. (Taxe d'indemnité de l'établissement pour la station postale située à plus de 2 lieues.)

Rigi-Scheideck 1869. — Timbre rectangulaire.— Vert jaune, (5 cent.?)

SUISSE

SUISSE

(Administration Fédérale)

1849. — Timbres rectangulaires, imprimés en couleur sur blanc, croix d'argent sur fond de gueules : Noir sur bleu foncé, 5 rap. — Noir sur bleu clair, 5 rap. — Noir sur jaune foncé, 10 rap. (pour les cantons allemands).

1849. — Timbres rectangulaires : Noir sur blanc, 2 1/2 rap. — Noir sur blanc, 2 1/2 rap. (pour les cantons français).

1852. — Timbres rectangulaires : Bleu, rayon I, 5 rap. — Jaune clair, rayon II, 10 rap. — Rouge, rayon III, 15 rap., le chiffre 15 plus petit. — Rouge, rayon III, 15 cent. (pour les cantons français). — Rouge, rayon III, 15 rap. (pour les cantons allemands).

1854 et 1855. — Timbres rectangulaires imprimés en couleur sur blanc, en relief, déesse de la liberté assise de face, la main gauche appuyée sur un bouclier orné de la croix d'argent sur fond de gueules : Gris, 2 rap. — Brun, 5 rap. (Helvetia en haut). — Brun, 10 rap. — Rose, 15 rap. — Orange, 20 rap. — Vert, 40 rap. — Gris-perle, 1 franc.

1862 et 1863. — Timbres rectangulaires, dentelés, plus petits, déesse de profil à gauche : Gris, 2 cent. — Noir, 3 cent. — Jaune brun, 5 c. — Brun noir, 5 c. — Bleu, 10 c. — Jaune, 20 c. — Rouge, 30 c. — Vert, 40 c. — Bronzé, 60 c. — Doré, 1 franc.

1867. — Timbres rectangulaires, dentelés, imprimés en couleur sur blanc, semblables aux précédents : Carmin, 10 cent. — Bleu, 30 c. — Violet, 50 c.

1868. — Timbre semblable : Vert, 25 c.

Enveloppes 1867. — Timbres ovales, gaufrés, imprimés en couleur sur blanc, colombe surmontant les armes entourées de 22 étoiles, valeur en chiffres en bas : Bistre, 5 rap. — Carmin, 10 rap. — Outremer, 30 rap.

1868. — Timbre semblable : Vert, 25 rap.

Enveloppes 1869. — Semblables aux précédentes (estampillées à gauche) : Bistre, 5 rap. — Rose, 10 rap. — Vert, 25 rap. — Bleu, 30 rap.

Timbres de franchise 1870. — Légende : **MILITAIRES FRANÇAIS INTERNÉS EN SUISSE (GRATIS)**. Impression noire sur couleur Rouge-solférino.

Cartes de correspondance 1870. — Cadre orné, imprimées en couleur sur blanc, timbre à gauche : Rose, 5 cent. — Vermillon, 5 c.

SUISSE

TOSCANE

(Grand-Duché)

LÉOPOLD II (Jean-Joseph-François-Ferdinand-Charles)
Né le 3 Octobre 1797, Archiduc d'Autriche
Grand-Duc de Toscane, le 18 Juin 1824

Émission sur papier bleu. — Timbres rectangulaires avec armoiries, imprimés en couleur sur papier bleu : Noir, 1 quattrino. — Jaune, 1 soldo, — Brique, 2 soldi. — Rouge, 1 crazia. — Bleu, 2 cr. — Vert, 4 cr. — Bleu foncé, 6 cr. — Violet foncé, 9 cr. — Brun rouge, 60 cr.

Émission sur papier blanc. — Timbres semblables aux précédents : Noir, 1 quattrino. — Jaune, 1 soldo. — Rouge, 1 cr. — Bleu ciel, 2 cr. — Vert, 4 c. — Bleu foncé 6 cr. — Brun, 9 cr.

Dernière émission. — Timbre rond, imprimé en noir sur papier gris : 2 soldi.

TOSCANE

(Gouvernement Provisoire)

1859. — Timbres rectangulaires imprimés en couleur sur blanc, armes de la maison de Savoie posées sur le manteau royal sommé d'une couronne : Violet pâle, 1 c. — Violet foncé, 1 c. — Vert, 5 c. — Vert jaune, 5 c. — Brun violet, 10 c. — Bleu pâle, 20 c. — Bleu vif, 20 c. — Carmin, 40 c. — Jaune rose, 80 c. — Jaune d'or, 3 lire.

TOSCANE (Duché)			TOSCANE (Gouvernement Provisoire)			

TURQUIE

ABDUL-AZIZ KHAN, Sultan

Né le 9 Février 1830
Succède à son Frère en 1861

Chiffres taxe. — Timbres rectangulaires : Rouge, 20 paras ou 1/2 piastre. — Rouge, 1 piastre. — Rouge, 2 piastres. — Rouge, 4 piastres.

1863 (Timbres à percevoir). — Timbres rectangulaires imprimés en noir sur couleur, signature du Sultan au-dessus d'un croissant, valeur en bas dans un médaillon, dessins variés : Orange, 1/2 piastre ou 20 paras. — Violet foncé, 1 piastre. — Bleu foncé, 2 piastres. — Rose foncé, 4 piastres.

Timbres sur papier carton. — Semblables : Jaune, 20 paras ou 1/2 piastre. — Violet pâle, 1 piastre. — Bleu pâle, 2 piastres. — Rose pâle, 4 piastres.

1865. — Timbres rectangulaires, dentelés, imprimés en couleur sur blanc, valeur aux quatre angles, croissant surmonté d'une étoile lumineuse : Vert, 10 paras. — Jaune, 20 paras. — Lilas, 1 piastre. — Bleu, 2 piastres. — Rose, 5 piastres. — Orange, 25 piastres (pour lettres et journaux).

1868. — Timbres semblables, petites inscriptions noires en surcharge, dentelés, imprimés en couleur sur blanc : Vert, 10 paras. — Orange, 20 paras. — Lilas, 1 piastre. — Bleu, 2 piastres. — Carmin, 5 piastres. — Vermillon, 25 piastres.

Chiffres taxés 1865. — Timbres rectangulaires, dentelés, imprimés en couleur : Brun, 20 paras. — Brun, 1 piastre. — Brun, 2 piastres. — Brun, 5 piastres. — Brun, 25 piastres (pour lettres non affranchies).

Nota. — Les timbres de 5 et 25 piastres ont le croissant plus grand que les autres.

Chiffres taxe 1868. — Timbres semblables avec inscriptions brunes en surchargé : Bistre, 20 paras. — Bistre, 1 piastre. — Bistre, 2 piastres. — Bistre, 5 piastres, — Bistre, 25 piastres.

Poste locale. — Timbres rectangulaires, dentelés, imprimés en noir en couleur, légende en langue française et turque, valeur en bas, croissant surmonté d'une étoile : Bleu, 5 paras. — Vert, 20 paras, — Rose, 40 paras.

Poste locale (service mixte). — Timbres oblongs servant à acquitter la taxe due à l'office particulier, qui se charge de faire parvenir à destination les lettres venues de l'extérieur : Noir sur jaune, 10 paras. — Noir sur rose, 20 p. — Rouge sur blanc, 1 piastre. — Bleu sur blanc, 2 p.

Enveloppes 1869. — Croissant en relief, imprimées en couleur sur papier gris : Jaune, 1 piastre. — Brun, 1/2 piastre. — Orange, 3 piastres. — Violet, 6 piastres.

TURQUIE

TURQUIE

ÉTATS TRIBUTAIRES

SERBIE

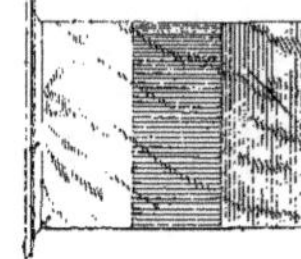

MICHEL III OBRENOVITCH

(Prince Régnant)

Né le 4 Septembre 1823, succède à son père le 26 Septembre 1860

1866. Armes. — Timbres rectangulaires, non dentelés, imprimés en couleur sur couleur, armes de Serbie dans un cercle perlé : Vert sur rose, 1 para. — Bleu sur lilas, 2 paras.

Effigies. — Timbres rectangulaires, dentelés, imprimés en couleur sur blanc, effigie à gauche dans un cercle perlé : Vert, 1 para. — Brun, 2 p. — Orange, 10 p. — Rose, 20 p. — Bleu, 40 p. (sur papier fort).

Effigies. — Timbres semblables, sur papier pelure : Orange, 10 p. — Rose, 20 p. — Bleu, 40 p.

1868. — Timbres semblables, non dentelés, imprimés en couleur su blanc : Vert vif, 1 para. — Brun vif, 2 p.

1869. — Timbres rectangulaires, en couleur sur blanc, dentelés : Jaune 1 para. — Brun, 10 p. — Orange, 15 p. — Bleu, 20 p. — Carmin, 25 p. — Vert pâle, 35 p. — Violet, 40 p. — Vert foncé 50 p.

TURQUIE-SERBIE

TURQUIE

États Tributaires

Prince **COUZA**, Prince **CHARLES** Ier

VALACHIE 1859. — Timbres ronds frappés à la main en bleu sur couleur : Vert, 54 paras. — Azuré, 81 paras. — Lilas, 108 paras.

1861. — Timbres rectangulaires, imprimés en couleur sur blanc : Noir, 5 paras. — Bleu, 40 paras. — Rouge, 80 paras. — Timbres semblables sur papier azuré : Noir, 5 paras. — Bleu, 40 paras. — Rouge, 80 paras.

MOLDO-VALACHIE 1862. — Timbres rectangulaires en couleur sur pelure, aigle, tête de bœuf et cornet, valeur en haut et en bas : Jaune, 3 paras. — Vermillon, 6 paras. — Gros bleu, 30 paras. — Semblables sur papier vergé : Jaune orange, 3 paras, — Rouge, 6 paras. — Bleu outremer, 30 paras.

Prince Couza 1865. — Timbres rectangulaires, imprimés en couleur sur blanc, effigie : Jaune, 2 paras. — Bleu, 5 paras. — Rouge, 20 paras.

Prince Charles 1866. — Timbres rectangulaires, imprimés en noir sur papier de couleur, effigie à gauche dans un cercle : Jaune, 2 paras. — Bleu, 5 paras. — Rose, 20 paras.

1868. — Timbres rectangulaires, imprimés en couleur sur blanc : Jaune, 2 paras. — Bleu, 5 paras, — Rose, 20 paras.

1869. — Rectangulaires, effigie à gauche, couleur sur blanc et couleur sur couleur, non dentelés : Jaune d'or, 2 bani. — Bleu, 4 b. — Jaune pâle, 5 b. — Bleu, 10 b. — Rouge, 15 b. — Rouge brique, 18 b. — Jaune et bleu, 26 b. — Bleu et rouge, 50 bani.

1870. — Effigie du prince Charles, en couleur sur blanc : Mauve, 3 bani.

1871. — Effigie du même avec barbe, en couleur sur blanc : Rouge, 5 bani. — Jaune, 10 bani. — Brun, 25 bani.

1872. — Timbres semblables, dentelés : Rouge, 5 bani. — Bleu, 10 bani. — Rouge, 15 bani. — Brun, 25 bani.

1872. — Effigie dans un ovale, dentelés, imprimés en couleur sur papier teinté : Bronze, 1/2 bani. — Vert, 3 bani. — Bistre, 5 bani. — Bleu, 10 bani. — Brun, 15 bani. — Orange, 25 bani. — Rose, 50 bani.

TURQUIE-VALACHIE. — MOLDO-VALACHIE

WURTEMBERG

GUILLAUME Ier (Frédéric-Charles)
Né le 27 Septembre 1761, Roi le 38 Octobre 1816
Décédé le 25 Juin 1864

CHARLES-FRÉDÉRIC-ALEXANDRE
Né le 6 Mars 1823, Roi en Juin 1864

1850. — Timbres rectangulaires non dentelés, imprimés en noir sur couleur : Chamois, 1 kreutzer. — Jaune, 3 kr. — Vert, 6 kr. — Rose, 9 kr. — Violet, 18 kr.

1861. — Timbres rectangulaires non dentelés : Brun, 1 kr. — Orange, 3 kr. — Vert, 6 kr. — Rose, 9 kr. — Bleu, 18 kr.

1862. — Timbres semblables non dentelés : Noir brun, 1 kr. — Jaune, 3 kr. — Vert, 6 kr. — Rose, 9 kr. — Bleu, 18 kr.

4e émission. — Timbres dentelés semblables : Bleu noir, 1 kr. — Jaune, 3 kr. — Vert, 6 kr. — Rose, 9 kr. — Bleu, 18 kr.

5e émission. (timbre de retour). — Timbre rectangulaire, imprimé en noir sur papier blanc, armoiries embrassées d'une double branche d'olivier et de laurier dans un ovale : Noir sans valeur indiquée.

WURTEMBERG

WURTEMBERG

1864. — Timbres rectangulaires, imprimés en couleur sur papier blanc, semblables à ceux de la troisième émission : Vert, 1 kr. — Rose, 3 kr. — Bleu, 6 kr. — Brun noir, 9 kr. — Brun rouge, 9 kr. — Orange, 18 kr.

1866. — Timbres rectangulaires, percés en ligne : Vert, 1 kr. — Rose, 3 kr. — Bleu, 6 kr. — Bistre, 9 kr. — Jaune, 18 kr.

1868. — Timbre semblable annulant le 6 kr. bleu : Bleu, 7 kr. Timbre d'erreur très-rare : Violet au lieu de rose, 3 kr.

Timbres de retour. — Timbre rectangulaire, non dentelé, armoiries dans un ovale : Noir. — Semblable, dentelé : Noir.

Enveloppes. 1re émission. — Timbres octogones, grand chiffre au centre : Rose, 3 kr. — Bleu, 6 kr. — Bistre, 9 kr. (grosse inscription verte).

2e émission. — Timbres semblables sur papier azuré : Rose, 3 kr. — Bleu, 6 kr. — Bistre, 9 kr. (petite inscription).

1868. — Timbre rond, imprimé en couleur sur blanc : Bleu (sans valeur indiquée), placé à l'angle droit de l'enveloppe.

1868. — Timbres octogones semblables aux précédents : Rose foncé, 3 kr. — Bleu foncé, 6 kr. — Brun foncé, 9 kr.

1865. — Timbres octogones semblables aux précédents, inscriptions de couleurs variées. — Vert, 1 kr. (inscriptions lilas). — Rose, 3 kr. (inscriptions noires). — Bleu, 6 kr. (inscriptions jaunes). — Bistre, 9 kr. (inscriptions vertes).

WURTEMBERG

WURTEMBERG

Enveloppes pour les militaires. — Inscriptions typographiques en noir sur couleur : Gris verdâtre.

Enveloppes Feldpostbrief pour le public. — Semblables.

Cartes de correspondance 1870. — Grande carte imprimée en noir sur carton bleu, inscription et armoiries au centre, légende en bas, le tout en allemand, timbre à l'angle droit supérieur gaufré : Vert, 1 kr. — Rose, 3 kr. — Variété.

Carte avec réponse payée. 1er janvier 1872. — Semblable, avec réponse, noir sur bleu : Vert, 1 kr. — Rose, 3 kr.

Cartes-poste. — Cartes simples, 14 c. sur 9 c. — Vert, 1 kr. — Orange, 2 kr.

Cartes doubles, 28 c. — Orange, 2 kr.

Décembre 1872. — Timbre semblable au type ordinaire, imprimé en couleur sur blanc, dentelé : Orange, 2 kr. — Violet, 70 kr.

Cartes-correspondance 1873. — Encadrement composé d'une tresse de même couleur que la légende, timbre sur carton azuré : Vert, 1 kr. — Orange, 2 kr.

WURTEMBERG

ASIE. — AFRIQUE. — OCÉANIE.

AMÉRIQUE.

CEYLAN (Ile)

Possession Anglaise

1857. — Timbres rectangulaires, non dentelés, imprimés en couleur sur azuré : Violet, 1/2 p. — Lilas, 1/2 penny. — Sans étoiles. Effigie couronnée à gauche dans un cercle. Bleu, 1 penny, effigie différente à gauche dans un ovale. — Vert, semblable, 2 p. — Brun clair, semblable, 5 p. — Brun violet, semblable, 6 p. Sur papier azuré : Violacé, 6 p. — Rouge brique, semblable, 10 p. — Pensée, semblable, 1 schilling.

2e émission. — Timbres semblables, dentelés : Lilas, 1/2 penny. — Bleu foncé, 1 p. — Bleu clair, 1 p. — Vert, 2 p. — Brun clair 3 p. — Brun rouge, 6 p. — Brun noir, 6 p. — Rouge brique 10 p. — Pensée, 1 schilling.

3e émission. — Timbres octogones courbes, non dentelés, imprimés e[n] couleur sur papier blanc ; effigie couronnée à gauche : Ros[e] clair, 4 p. — Rouge, 4 p. — Brun foncé, 8 p. — Brun clai[r] 8 p. — Brun, 9 p. — Vert, 1 sh. 9 pence. — Bleu, 2 shilling[s]

CEYLAN (Ile)

CEYLAN (Ile de)

(Possession Anglaise)

3e émission. — Timbres octogones courbes, semblables aux précédents : Rouge, 4 p. — Brun foncé, 8 p. — Brun clair, 8 p. — Brun, 9 p. — Bleu clair, 2 shillings.

4e émission 1864-1866. — Timbre rectangulaire : Brun rouge, 5 p. — Timbre octogone courbe : Bleu indigo, 2 shillings.

Timbre rectangulaire : Vert bleu, 2 p. — Timbre rectangulaire : Vert émeraude, 2 p.

Timbre rectangulaire : Vert anglais, 5 p. — Timbre rectangulaire : Jaune bistre, 2 p.

Émission de 1866. — Timbre rectangulaire, effigie à gauche dans un cercle, CEYLON en haut, valeur en lettres en bas, dentelé : Rose, 3 p.

Enveloppes 1861. — Timbres rectangulaires, imprimés en couleur sur papier blanc, effigie de la reine dans un ovale, en relief à gauche, CEYLON en bas : Bleu, 1 p. — Vert, 2 p. — Rose, 4 p. — Brun, 5 p.

Timbre rond : Lie de vin, 6 p. — Timbre octogone courbe, Brun, 8 p. — Timbre rectangulaire, Violet foncé, 9 p.

Timbre rond : Jaune d'or, 1 shilling. — Timbre rectangulaire : Vert, 1 shilling 9 pen. — Timbre octogone courbe, 2 sh.

1868. — Timbres ovales, imprimés sur papier mince azuré : Lie de vin, 6 p. — Brique, 10 p.

1869. 1872. — Timbres dentelés, imprimés en couleur sur blanc glacé, effigie de la reine : Bleu, 1 penny. — Bistre, 2 cents. — Gris bleu, 4 cents. — Jaune, 8 cents. — Lilas, 16 cents. — Vert, 24 cents. — Bleu, 36 cents. — Rose, 48 cents. — Gris vert, 96 cents.

1872. Cartes de correspondance. — Cadre orné, impression sur chamois, Lilas, 2 cents.

CEYLAN

CHINE

HONG-KONG

(Possession Anglaise)

1re émission de 1863. — Timbres rectangulaires, dentelés, portrait de la reine Victoria dans un encadrement, rectangulaire HONG-KONG en haut du timbre, valeur en bas, caractères chinois à droite et à gauche : Brun clair, 2 c. — Gris vert clair, 4 c. — Lilas clair, 4 c. — Jaune clair, 8 c. — Bleu clair, 12 c. — Violet clair, 18 c. — Vert clair, 24 c. — Vermillon clair, 30 c. — Rose clair, 48 c. — Bistre jaune, 96 c.

2e émission, 1865 (dentelés). — Timbres semblables : Brun foncé, 2 c. — Gris vert foncé, 4 c. — Lilas foncé, 6 c. — Jaune foncé, 8 c. — Bleu foncé, 12 c. — Violet foncé, 18 c. — Vermillon, foncé, 30 c. — Rose foncé, 48 c. — Bistre noir, 96 c.

1871. — Même type sur papier glacé : Violet, 30 cents.

CHINE (Hong-Kong)

INDES ORIENTALES

(Possession Anglaise)

1854. — Timbre octogone rouge et bleu sur papier blanc tête couronnée de la reine Victoria à gauche en bleu, 4 annas. — Bleu, rectangulaire, tête couronnée à gauche, 1/2 anna. — Rouge, 1 anna. — Vert, 2 annas.

1868. — Timbres rectangulaires dentelés, tête couronnée à gauche dans un ovale : Brun (papier bleu), 1 anna. — Noir (papier bleu), 4 annas. — Rose (papier bleu), 8 annas.

1858-1860. — Timbres rectangulaires semblables sur papier blanc : Bleu pâle, 1/2 anna. — Bleu jaunâtre, 1/2 anna. — Bistre pâle, 1 anna. — Brun, 1 anna. — Vert, 2 annas. — Rose, 2 annas. — Orange, 2 annas. — Jaune pâle, 2 annas. — Noir, 4 annas. — Vert, 4 annas. — Rose, 8 annas.

Timbres provisoires. — Grands timbres rectangulaires allongés, dentelés, imprimés en couleur sur blanc, effigie couronnée gauche dans un cercle, le mot POSTAGE en grosses lettres en haut : Lilas, 6 annas. — Timbre semblable, le mot POSTAGE en lettres plus petites : Lilas, 6 annas.

Enveloppes. — Timbres ronds, effigie gaufrée en blanc à gauche, INDIA POSTAGE en haut, valeur en bas : Bleu sur papier bleu, 1/2 anna. — Semblable, brun sur papier bleu, 1 anna. Timbre semblable : Bleu sur papier blanc, 1/2 anna. — Bleu sur feuille 1/2 anna.

INDES ORIENTALES

INDES HOLLANDAISES

JAVA

1864. — Timbres rectangulaires, imprimés en couleur sur blanc; effigie du roi Guillaume de trois-quart à gauche, en uniforme brodé, valeur en haut : INDIE à droite, NEDERL à gauche, POST ZEGEL en bas : Carmin foncé, 10 c. — Carmin pâle, 10 c.

1869. — Effigie du roi Guillaume dans un cercle, dentelés, imprimés en couleur sur blanc : Vert, 5 cents. — Bistre, 10 cents. — Bleu, 20 cents. — Rose, 50 cents.

CACHEMIRE

(Possession Anglaise)

1866. — Timbres ronds recouverts d'inscriptions grossières, imprimés en couleur sur blanc : Vert, 1/2 anna. — Noir, 1/2 anna. Bleu, 1 anna. — Noir, 4 annas. — Bleu, 4 annas.
Inscriptions dans un ovale, millésime de 1866 : Noir, 1/4 anna. — Rouge, 1/2 anna. — Bleu, 1/2 anna. — Bleu, 1 anna. — Rouge, 1 anna. — Olive, 2 annas. — Vert, 4 annas. — Rouge, 8 annas.

1867. — Semblables avec le millésime de 1867 : Bleu, 1/2 anna. — Noir, 1 anna. — Rouge, 1 anna. — Jaune, 1 anna.

MALACCA (Détroit de)

1867. — Timbres rectangulaires, dentelés, imprimés en couleur sur blanc, avec une couronne et la valeur en surcharge sur les timbres des Indes : Rouge, 3/2 c. (sur le 1/2 anna bleu). — Rouge, 2 c. (sur le 1 anna brun). Bleu, 3 c. (sur le 1 anna brun). — Noir, 4 c. (sur le 1 anna brun). — Violet, 6 c. (sur le 2 annas orange). — Vert, 3 c. (sur le 2 annas orange). — Carmin, 12 c. (sur le 4 annas vert). — Bleu, 24 c. (sur le 8 annas rose). — Noir, 32 c. (sur le 2 annas orange).

1868. — Timbres rectangulaires plus grands, dentelés, imprimés en couleur sur blanc: effigie à gauche dans des encadrements variés; légende : STRAITS SETTLEMENTS ; valeur en chiffres en bas : Bistre, 2 c. — Rose, 4 c. — Violet, 6 c. — Jaune, 8 c. — Bleu, 12 c. — Vert, 24. — Vermillon, 32 — Gris, 96 c

NDES HOLLANDAISES (Java)	CACHEMIRE	MALACCA (Détroit de)

MALACCA

(Détroit de)

(Possession Anglaise)

1867. — Timbres rectangulaires, dentelés, imprimés en couleur sur blanc, anciens timbres surchargés d'une couronne et de la valeur en couleurs différentes : 3/2 c. (Rouge sur le timbre de 1/2 anna bleu). — 2 cents (Rouge, sur le timbre de 1 anna brun). — 3 c. (Bleu sur le timbre de 1 anna brun), — 4 c. (Noir, sur le timbre de 1 anna brun). — 6 c. (Violet sur le timbre de 2 annas orange). — 8 c. — (Vert, sur le timbre de 2 annas orange). — 12 c. (Carmin sur le timbre de 4 annas vert, coins coupés). — 24 c. (Bleu, sur le timbre de 8 annas rose). — 32 c. (Noir, sur le timbre de 2 annas orange).

1868. — Timbres rectangulaires, dentelés plus grands que les précédents, imprimés en couleur sur blanc : Bistre, 2 cents. — Rose, 4 cents. — Lilas, 6 cents. — Jaune, 8 cents. — Bleu, 12 cents. — Vert, 24 cents. — Vermillon, 32 cents. — Brun noir, 96 cents (rectangulaire). Chacun de ces timbres porte en légende : STRAITS SETTLEMENTS.

1869. — Semblables : Brun-pâle, 2 c. — Violet, 6 c. — Bleu de Prusse, 12 c.

1872. — Effigie de la reine dans un hexagone, 30 cents.

MALACCA

SHANG-HAI (CHINE)

TONG-TCHI

Né en 1855, 8⁰ Empereur de la dynastie Isiu

Succède à son père le 22 Août 1861

Shanghaï. — 1866. — 1re Émission. — Timbres rectangulaires, imprimés en couleur sur blanc, dragon fantastique au centre, légende des deux angles supérieurs en chinois (SHANGHAI), en bas (BUREAU DU TRAVAIL), à gauche (DEUX FEN D'ARGENT), à droite (BUREAU DE POSTE) : Bleu, 1 candaréen. — Noir, 2 cand. — Brique, 3 cand. — Jaune, 4 cand. — Brique, 6 cand. — Vert, 8 cand. — Brique, 12 cand. — Vermillon, 16 cand. En haut : SHANGHAI L. P. O. (local-post-office); en bas, valeur.

2⁰ Émission. — Timbres rectangulaires plus petits, dentelés, imprimés en couleur sur blanc, dragon au centre, légendes du haut du bas semblables à celles des timbres précédents, mais la valeur est exprimée en cents : Rose, 2 c. — Lilas, 4 c. — Bleu, 8 c. — Vert, 10 c.

3⁰ Émission 1866. — Timbres rectangulaires dentelés, imprimés en couleur sur blanc : Brun, 1 candaréen. — Orangé, 3 cand. — Gris, 6 cand. — Gris vert, 12 cand,

SHANG-HAI

CAP
DE
BONNE-ESPÉRANCE
(Possession Anglaise)

1re Émission. — Timbres triangulaires, imprimés en couleur sur papier blanc, Déesse du commerce assise à gauche, la main gauche appuyée sur une ancre, la droite étendue sur les genoux, fleurons aux angles, légende : CAP OF GOOD HOPE POSTAGE et valeur à droite : Brique, 1 penny. — Rouge, 1 penny. — Bleu, 4 pence (sur papier azuré).

2e Émission. — Brique, 1 penny. — Bleu foncé, 4 penny. — Violet pâle, 6 p. — Vert foncé, 1 shilling (sur papier blanc).

3e Émission. — Rouge, 1 p. — Bleu de Prusse, 4 p. — Lilas, 6 p. — Vert bleu, 1 shilling (sur papier blanc).

4e Émission. — Brun rouge, 1 p. — Bleu azur, 4 p. — Violet foncé, 6 p. — Vert pomme, 1 shilling (sur papier blanc).

5e Émission. — Timbres rectangulaires, semblables aux précédents : Timbres provisoires typographiés. Rouge, 1 p. — Bleu, 4 p. — Rouge pâle, 1 p. — Bleu foncé, 4 p.

6e Émission. — Timbres semblables (erreur) très-rares : Bleu, 1 p. — Rouge, 4 p.

Timbres rectangulaires, dentelés, imprimés en couleur sur papier blanc glacé, Déesse BRITANNIA assise sur une ancre : Rouge, 1 p. — Bleu, 4 p. — Lilas, 6 p. — Vert, 1 shilling.

CAP DE BONNE-ESPÉRANCE (Possession Anglaise)

ÉGYPTE

ISMAÏL PACHA, fils d'Ibrahim-Pacha

Né en 1816

Succède à son Oncle Saïd-Pacha, le 18 Janvier 1863

1866. — Timbres rectangulaires, dentelés, imprimés en couleur sur blanc, avec des inscriptions en langue orientale imprimées par-dessus en noir ; bordure formée d'une grecque, ovale au centre avec dessins turcs, valeur aux angles : Gris vert, 5 paras. — Bistre, 10 p. — Bleu pâle, 20 p. — Lilas, 1 piastre. — Jaune, 2 pia. — Rose, 5 pia. — Bleu foncé, 10 pia.

1867. — Timbres oblongs rectangulaires, dentelés, imprimés en couleur sur blanc : Pyramide dans un ovale, valeur en chiffres aux deux angles inférieurs ; PARA aux deux angles supérieurs : colonne à gauche et obélisque à droite : Jaune, 5 paras. — Lilas, 10 paras. — Vert, 20 p. — Rouge, 1 piastre. — Bleu, 2 piastres. — Brun, 5 piastres.

Émission de 1872. — Pyramide, étoile et croissant, dentelés, imprimés en couleur sur blanc : Bistre, 5 paras. — Violet, 10 paras. — Bleu, 20 paras. — Rose, 1 piastre. — Jaune, 2 piastres. — Violet, 2 1/2 piastres. — Vert, 5 piastres.

SUEZ (Canal maritime)

1868. — Timbres oblongs, non dentelés, imprimés en couleur sur blanc : bateau à vapeur dans un ovale, valeur aux quatre angles. CANAL MARITIME en haut, DE SUEZ en bas, POSTES. Noir, 1 c. — Vert, 5 c. — Bleu, 20 c. — Carmin pâle, 40 c.

ÉGYPTE				SUEZ		

LIBÉRIA

(République)

1860 (non dentelés). — Timbres rectangulaires, déesse du commerce assise à gauche sur un colis portant LIBERIA, vaisseau dans le fond à droite, valeur en haut : Rouge, 6 cents. — Bleu, 12 cents. — Vert, 24 cents. (Couleur sur blanc, cadre à un seul filet.)

D° dentelés. — Timbres rectangulaires, semblables : Rouge, 6 cents. — Bleu, 12 cents. — Vert, 24 cents.

1864. — Timbres semblables, dentelés, couleur sur blanc, cadre double filet : Rouge, 6 cents. — Bleu, 12 cents. — Vert, 24

1865. — Timbre semblable, non dentelé : Rouge, 6 cents.

1867. — Timbres semblables, lithographiés, couleur sur blanc, dentelés : Rouge, 6 c. — Bleu, 12 c. — Vert, 24 c.

1869. — Timbres semblables à un seul filet : Rouge pâle, 5 c. — Bleu 12 c. — Vert jaune, 24 c.

LIBÉRIA

MAURICE (Ile)

(POSSESSION ANGLAISE)

1re émission. — Timbres rectangulaires, non dentelés, imprimés en couleur sur blanc, effigie à gauche : Rouge, 1 pen. — Bleu, 2 p. — Timbres semblables, mais avec faute POST OFFICE (au lieu de POST PAID) : Rouge, 1 pen. — Bleu, 2 p.

2e émission. — Timbre rectangulaire, effigie avec bandeau et aigrette : Bleu, 2 p.

3e émission. — Timbre semblable, bandeau simple : Bleu, 2 p.

4e émission. — Timbres semblables, effigie avec diadème MAURITIUS en haut, valeur en bas, grecque sur les côtés : Rouge, 1 p. — Bleu, 2 p.

5e émission. — Timbres rectangulaires. Déesse du Commerce. MAURITIUS en bas, sans valeur indiquée : Rouge (papier blanc). — Rouge (papier bleu). — Vert. — Magenta. — Bleu.

6e émission. — Semblable, valeur frappée à la main : Vert, 4 p.

7e émission. — Semblables, MAURITIUS en haut, valeur en bas : Bleu, 6 p. — Vermillon, 1 shilling. — Lilas, 6 p. — Vert, 1 sh.

8e émission. — Semblables, dentelés : Violet, 6 p. — Vert, 1 shilling.

9e émission. — Timbres rectangulaires, imprimés en couleur sur papier blanc glacé, effigie couronnée à gauche : Brun pâle, 1 p. — Bleu, 2 p. — Rouge, 4 p. — Vert, 6 p. — Violet, 9 p. — Vert, 1 shilling. — Violet, 6 p. — Jaune, 1 shilling. — Vermillon, 3 p. — Violet vif, 5 shillings. — Orange, 1 shilling.

Enveloppes. — Timbre rond sur papier azuré, effigie à gauche dans un octogone : Brun rougeâtre, 6 p. — Timbre ovale : Jaune, 1 shilling. — Timbre rond : Violet, 6 p. — Timbre ennéagone, effigie à gauche, MAURITIUS en haut, POSTAGE en bas, valeur sur les côtés : Brun violet, 9 shillings.

Enveloppes. — Effigie en relief de la reine, timbre à droite : Violet rouge, 6 p. — Jaune d'or, 1 shil.

1872. — Semblables : 10 pence. — 1 shil. 8 pence.

MAURICE (Ile)

NATAL

(Possession Anglaise)

1857. — Grands timbres rectangulaires, imprimés en relief sur papier de couleur, couronne royale accostée des lettres V. R. Victoria Regina, NATAL en haut : Rose, 3 pence. — Vert, 6 pence. encadrement à coins arrondis. — Bleu, 9 pence. — Café au lait, 1 shilling, encadrement de 3 lignes.

Timbres rectangulaires, couronne dans un double encadrement, NATAL au-dessous, valeur en haut et en bas, fleurons anglés : Bleu foncé, 1 p. — Jaune, 1 p. — Rose, 1 p.

1864. — Timbres rectangulaires dentelés, imprimés en couleur sur papier blanc, effigie couronnée de 3/4 à gauche dans un encadrement ovale, NATAL en haut, valeur en bas : Brun rouge, 1 penny. — Rouge, 1 p. — Bleu, 3 p. — Gris violet, 6 p. — Rouge, 1 p. — Violet vif, 6 p.

1867. — Timbre plus grand que les précédents, rectangulaire, dentelé, effigie à gauche dans un double ovale, avec la légende NATAL en haut, valeur en lettres en bas : Vert, 1 shilling.

1868. — Timbre rectangulaire : Rose, 1 penny.

1870. — Timbres semblables, le mot POSTAGE en noir, dentelés : Rouge, 1 penny. — Bleu, 3 p. — Violet, 6 p. — Vert, 1 shil.

1870. — Semblables, le mot POSTAGE de chaque côté : Rouge, 1 pen. — Bleu, 3 p. — Le mot POSTAGE en vert, en cintre, 1 shil.

NATAL

ORANGE

1867. — Timbres rectangulaires, dentelés, imprimés en couleur sur blanc, oranger au centre, valeur en bas : Brun rouge, 1 p. — Rose, 6 p. — Jaune, 1 shilling.

SAINTE-HÉLÈNE (Ile)

(Possession Anglaise)

1857. — Timbre rectangulaire, imprimé en couleur sur blanc, effigie de la reine à gauche dans un cercle, St-HELENA en haut, valeur en bas : Bleu, 2 p.

1862. — Timbre rectangulaire, dentelé : Bleu, 2 p.

1863. — Timbres rectangulaires, semblables, ancienne valeur effacée par une barre noire, nouvelle valeur imprimée au-dessus en noir : Rouge, 1 p. — Carmin, 4 p.

1865. — Timbres rectangulaires, dentelés, semblables : Rouge, 1 p. — Carmin, 6 p. — Vert, 1 shilling.

1858. — Timbres semblables : Citron, 2 p. — Violet, 3 p. — Orang 5 shillings.

1871. — Timbres avec surcharge noire : Rouge, 1 penny. — Jaune (? 2 pence. — Violet (?), 3 pence. — Carmin, 4 pence. — Ve 1 shil. — Orange (?), 5 shil.

ORANGE			SAINTE-HÉLÈNE (Ile)			

GAMBIE

(Possession Anglaise)

1869. — Timbres rectangulaires, couleur sur blanc uni, effigie en relief à gauche : Brun foncé, 4 p. — Bleu, 6 p.

SIERRA-LEONE

(Possession Anglaise)

Timbres à angles brisés, effigie couronnée à gauche dans un octogone, SIERRA-LEONE à gauche, POSTAGE à droite, valeur en haut et en bas (non dentelé) : Violet, 6 p.

Timbre semblable, dentelé, imprimé sur papier blanc : Violet, 6 p.

Timbre semblable, dentelé, imprimé sur papier bleu : Violet, 6 p.

1872. — Timbres semblables, dentelés : Rouge, 1 penny. — Jaune, 3 pence. — Bleu, 4 pence. — Vert, 1 shil.

TRANSVAAL

(République)

Impression allemande 1869. — Armoiries, imprimés en couleur su blanc : Rouge, 1 penny. — Lilas, 3 pence. — Bleu, 6 pence — Vert, 1 shil.

Impression locale 1870. — Semblables : Rouge, 1 penny. — Bleu, 6 p — Vert, 1 shil.

Enveloppes. — Inscriptions dans un grand cercle, timbre à droite Noir, 6 pence (variété). — Bleu, 6 p.

GAMBIE (Possession Anglaise)	SIERRA-LEONE	TRANSVAAL

AUSTRALIE DU SUD

(Possession Anglaise)

1855. — Timbres rectangulaires, non dentelés, imprimés en couleur sur papier blanc, effigie couronnée de la Reine à gauche dans un encadrement rond, légende, POSTAGE en haut en ligne droite, SOUTH AUSTRALIA en ligne courbe, valeur en bas : Vert, 1 penny. — Rouge foncé, 2 pence. — Rouge pâle, 2 pence. — Bleu foncé, 6 pence. — Violet, 6 pence. — Orange, 1 shilling. — Gris violet, 9 pence (1860).

1861. — Timbres rectangulaires semblables : Vert, 1 penny. — Rouge pâle, 2 p. — Pensée, 6 pence. — Violet pâle (ovale), 9 pence.

— Orange, 1 shi. — Vermillon, 2 p. — Bleu foncé, 6 pence. — Jaune, 1 shi. — Bleu pâle, 1 shi. — Bleu foncé, 1 shi.

1864. — Timbres semblables : Violet, 4 p. — Rose carmin, 2 shi. (effigie dans un cercle).

1866 — Timbres semblables, avec surcharge en bleu, seul type de 9 p : Orange, 10 p. — Citron, 10 p.

1868. — Timbre semblable : Vermillon, 2 penny.

1871. — Timbres semblables, dentelés (étoile) : Vert, 1 penny. — Bleu, 3 pence. — Violet, 4 pence. — Bleu, 6 pence. — Jaune, 10 pence. — Brun, 1 shil. — 1874 : Orange, 2 pence.

AUSTRALIE DU SUD

AUSTRALIE OCCIDENTALE

(Possession Anglaise)

1856. — Timbres oblongs, imprimés en couleur, cygne à gauche : Doré, 6 p. (octogone). — Noir sur orange, 2 p. (octogone). — Bleu foncé, 4 p. (octogone). — Bleu pâle, 4 p. (octogone). — Brun clair, 1 shilling (ovale). — Brun foncé, 1 shilling (ovale).

1860. — Timbres rectangulaires, oblongs, imprimés en couleur sur blanc, cygne sur fond losangé à gauche : Noir, 1 penny. — Orange, 2 p. — Bleu, 4 p. — Vert, 6 p.

1862. — Timbres oblongs dentelés : Carmin, 1 p. — Bleu, 2 p. — Brun violet, 6 p. — Vert jaune, 1 shilling.

1864. — Timbres semblables, dentelés : Vermillon, 1 p. — Brun rouge, 1 p. — Violet sur azuré, 6 p. — Lilas sur blanc, 6 p. — Pensée, 6 p.

1862. — Timbres variés, dentelés : Noir, 1 p. (rectangulaire). — Orange, 2 p. (rect.). — Bleu, 4 p. (octogone). — Bronze, 6 p. (octog.). — Brun, 1 shilling (ovale). — Vert, 6 p. (rect.).

1865. — Timbres rectangulaires semblables : Jaune bistre, 1 p. — Jaune Orange, 2 p. — Carmin, 4 p. — Violet noir, 6 p. — Vert foncé, 1 shilling.

1856. — Semblables, perforés au centre, pour la correspondance officielle : Bleu, 4 p. (octogone). — Orange, 2 p. — Vert, 6 p.

1862. — Semblables : Carmin, 1 p. — Bleu, 2 p. — Vermillon, 4 p. — Brun violet, 6 p. — Vert jaune, 1 shilling. — Rouge bru 1 p. — Lilas, 6 p. — Pensée, 6 p.

1865. — Semblables : Jaune bistre, 1 p. — Jaune orange, 2 p. — Camin, 4 p. — Violet noir, 6 p. — Vert foncé, 1 shilling.

1871. — Cygne dans un ovale, dentelé : Bistre, 3 pence. — Cygne da un cadre oblong, dentelé : Marron, 4 pence. — Lilas, 6 p.

CORRESPONDANCE OFFICIELLE.

Timbres semblables mais perforés au centre d'un petit tro Bleu, 4 pence (octogone). — Bleu, 1 shil. (ovale). — Oran 2 pence. — Vert, 6 pence. — 1864 : Rouge, 1 penny. Bleu, 2 pence. — Rouge, 4 pence. — Lilas, 6 pence. — Ve 1 shil.

AUSTRALIE OCCIDENTALE

HAVAÏEN

(Royaume)

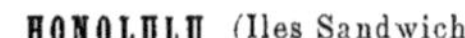

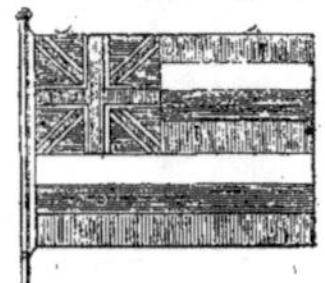

HONOLULU (Iles Sandwich)

Série des chiffres 1852. — Timbres rectangulaires, chiffres dans une vignette : Bleu, 5 cents. — Bleu. 13 cents. — Bleu, 13 cents. (ayant. H I. AND. US. POSTAGE en haut). Ces timbres sont imprimés sur papier grisâtre.

1859. — Timbres rectangulaires, grand chiffre dans un rectangle, imprimés sur papier azuré INTER ISLAND en haut, valeur en bas : Bleu, 1 cents. — Bleu, 2 cents.

1863. — Mêmes timbres imprimés en noir sur papier azuré : Noir 1 c. — Noir, 2 cents.

1864. — Mêmes timbres imprimés en noir sur papier blanc uni : Noir, 1 cents. — Noir 2 cents.

1865 — Mêmes timbres imprimés en noir sur papier blanc vergé : Noir, 1 cents. — Noir, 2 cents.

1865 — Mêmes timbres imprimés en bleu foncé sur papier blanc : Bleu, 1 cents. — Bleu, 2 cents.

1865. — Bleu foncé, 5 cents. — 1867, variété : INTER ISLAND à gauche : Bleu foncé, 5 cents., sur papier azuré.

Série des effigies. — Timbres rectangulaires, effigie du roi de face, uniforme.

KAMÉHAMÉHA III. — Bleu, 5 cents. — 1853, même type avec quelqu variétés dans la légende, valeur aux quatre angles, 13 cent dont 5 cents. pour Havaïen et 8 pour les États-Unis. Même type sur papier azuré : Bleu, 5 cents.

KAMÉHAMÉHA IV 1862. — Timbres rectangulaires, imprimés en co leur sur blanc, effigie de 3/4 à gauche : Rose pâle, 3 c. — Rou vif, 2 c.

1864. — Dentelé, buste du roi en habit de ville dans un ovale : Verm lon, 2 c.

KAMÉHAMÉHA V 1866. — Timbre rectangulaire, dentelé, buste du en uniforme de face dans un ovale : Bleu, 5 cents.

1871. — Effigies diverses, dentelés, imprimés en couleur sur blan Violet, 1 cents, — Vert, 6 cents. — Chair, 18 cents.

HAVAIEN (Royaume)

NOUVELLE-GALLES DU SUD

(Possession Anglaise)

Sidney (1849). — Timbres rectangulaires, imprimés en couleur sur papier blanc, fond à lignes horizontales, vue de la ville de Sidney dans un cercle circonscrit dans un encadrement carré (le timbre de 3 pence est le seul dont la valeur soit imprimée en couleur ; dans les autres timbres, elle est en blanc sur couleur) : Rouge, 1 penny, papier blanc. — Bleu noir, 2 p. (papier blanc). — Vert jaune, 3 pence. — Carmin, 1 penny (papier bleu). — Bleu, 2 pence (papier bleu). — Vert, 3 pence (papier bleu). — Bleu, 2 pence (lignes verticales).

Tête laurée (1851). — Timbres rectangulaires imprimés en couleur sur papier azuré, tête laurée à gauche : Bleu, 2 pence (étoiles). — Carmin, 1 penny. — Bleu, 2 p. — Vert foncé, 3 p. — Bleu foncé, 6 p. — Orange, 8 p. — Vermillon, 1 p. — Bleu violet, 2 p. — Vert jaune, 3 p. — Bistre pâle, 6 p. — Jaune, 8 p. (Tous ces timbres sont sur papier bleu.)

Timbres semblables, imprimés en couleur sur papier blanc : Orangé, 1 penny. — Bleu, 2 pence. — Vert, 3 p.

Registered 1854. — Timbres ovales pour lettres chargées, imprimés en couleur sur papier blanc. — Jaune et bleu. — Rouge et bleu. — 1858. Timbres rectangulaires non dentelés, effigie diadémée à gauche : Rouge, 1 p. — Bleu, 2 p. — Vert, 3 p. — Orange, 4 p.

NOUVELLE-GALLES DU SUD

NOUVELLE-GALLES DU SUD

(Possession Anglaise)

1858. — Timbres carrés, imprimés en couleur sur blanc, non dentelés, effigie de la reine à gauche : Vert, 5 pence. — Gris bleu, octogone, 6 p. — Jaune hexagone, 8 p. — Vermillon vif, octogone, 1 shilling. — Vert, octogone, 6 p. — Bistre octogone, 6 p. — Orange foncé, hexagone, 8 p. — Brique octogone, 1 shi. — Timbre rond, non dentelé, effigie à gauche : Violet, 5 shillings (1859).

1861. — Timbres rectangulaires dentelés, effigie diadémée à gauche : Orange, 1 p. — Bleu, 2 p. — Vert jaune, 3 p. — Bleu clair, 2 p. — Vert bleu, 3 p. — 1861. Timbres carrés dentelés, semblables aux précédents : Vert foncé, hexagone, 5 p. — Gris octogone, 6 p. — Bistre, octogone, 6 p. — Violet, octogone, 6 p. — Brique, octogone, 1 sh. et Violet, rond, 5 shillings.

1861. — Timbres ovales dentelés : Jaune et bleu. — Vert et bleu.

1863. — Timbre rectangulaire, effigie dans un ovale. Rouge foncé, penny. — Orange, octogone, 3 p. — Carmin, octogone, 1

1864. — Timbres rectangulaires dentelés, imprimés en couleur sur pier blanc glacé, effigie couronnée à gauche : Rouge vif, 1 — Bleu foncé, 2 pence. — Variété : Brique, 1 penny. — B pâle, 2 pence.

1867. — Timbre rectangulaire, dentelé, effigie à gauche : Brique blanc, 4 pence. Timbre rectangulaire dentelé, effigie à gauche : Lilas, 10 pence.

Émission de 1871. — Timbres avec surcharge noire : Brun, 9 pen (NINE PENCE.)

Enveloppes. — Armoiries en relief, légende noire sur papier blanc Rouge, 1 penny.

NOUVELLE-GALLES DU SUD (Suite)

PHILIPPINES

LUÇON

(Possession Espagnole)

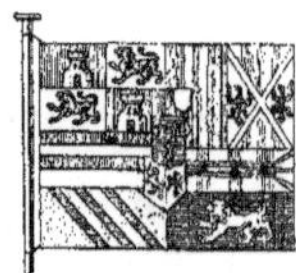

1854. — Timbres rectangulaires, imprimés en couleur, effigie de la reine Isabelle II à droite, 1854, Y 55 en bas : Orange, 5 cuartos. — Carmin foncé, 10 c. — Rose pâle, 10 c. — Lilas, 10 c. — Bleu foncé, 1 r. — Lilas clair, 1 r. — Vert, 2 r.

1856. — Timbres rectangulaires, imprimés en couleur sur papier azuré, effigie à droite dans un médaillon rond perlé : Vert, 1 réal. — Rouge amarante, 2 r.

1860. — Timbres semblables. Partie antérieure du buste, coupée carrément : Orange, 5 cuartos. — Vermillon, 5 c. — Rose lilas, 10 c.

1861-1862. — Timbres semblables. Partie antérieure du buste, coupée carrément : Vermillon, 5 cuartos.

1863. — Timbre lithographié, dit à un seul point : Vermillon laiteux, 5 cuartos.

1863. — Timbres aux deux points, effigie couronnée à droite : Vermillon, 5 cuartos. Variété avec lèvres plus grosses et plus saillantes : Vermillon, 5 cuartos. — Carmin, 10 c. — Violet foncé, 1 réal. — Bleu, 2 réales. — Variété : Gris bleu, 2 r.

1864. — Timbre rectangulaire lithographié, effigie à droite : Vert clair, 1 réal.

1864. — Timbres rectangulaires, imprimés en couleur sur papier teinté, effigie à gauche, timbres semblables à ceux d'Espagne de la même année : Noir sur chamois, 3 1/8 centesimos peso forte. Vert sur lilas, 6 2/8. — Bleu sur vermillon, 12 4/8. — Vermillon sur lilas, 25 c.

Émission de 1870. — Timbres semblables, effigie allégorique de l'Espagne, imprimés en couleur sur blanc, dentelés, sans millésime : Bleu, 5 cuartos de escudo. — Vert, 10 c. de esc. — Bistre, 20 c. de esc. — Carmin, 40 c. de esc.

Émission de 1872. — Semblables, effigie du roi Amédée à droite, FILIPINAS en bas, dentelés, imprimés en couleur sur blanc : 6 c. de peseta. — Bleu, 16 c. de p. — Mauve, 62 c. de p. — Violet, 1 p. 25 cent. — Rose, 2 p. 50 c. — Gris, 5 p.

PHILIPPINES (Luçon)

QUEEN'SLAND

(Possession Anglaise)

1861. — Timbres rectangulaires, non dentelés, effigie, légende QUEEN'-SLAND, valeur en bas : Carmin, 1 p. — Bleu foncé, 2 p. — Vert foncé, 6 p. — Noir violacé, 1 shilling.

Registered 1861. — Timbres rectangulaires, effigie de trois quarts à gauche dans un ovale, REGISTERED en bas : Jaune.

Timbres semblables dentelés : Carmin, 1 p. — Bleu foncé, 2 p. — Brun foncé, 3 p. — Vert foncé, 6 p. — Noir, 1 shilling. — Registered, Jaune. (Tous ces timbres sont sur papier fila-grané à étoiles.)

1864. — Même type sur papier épais, dentelés : Brun rouge, 1 p. — Bleu foncé, 2 p. — Brun clair, 3 p. — Vert jaune, 6 p. — Brun grisâtre, 1 shilling. — Vermillon, 1 p. — Bleu pâle, 2 p.

1866. — Registered-paper à étoiles : Jaune orange.

1867. — Timbres rectangulaires : Lilas, 4 p. — Rose, 5 shillings.

QUEEN'SLAND

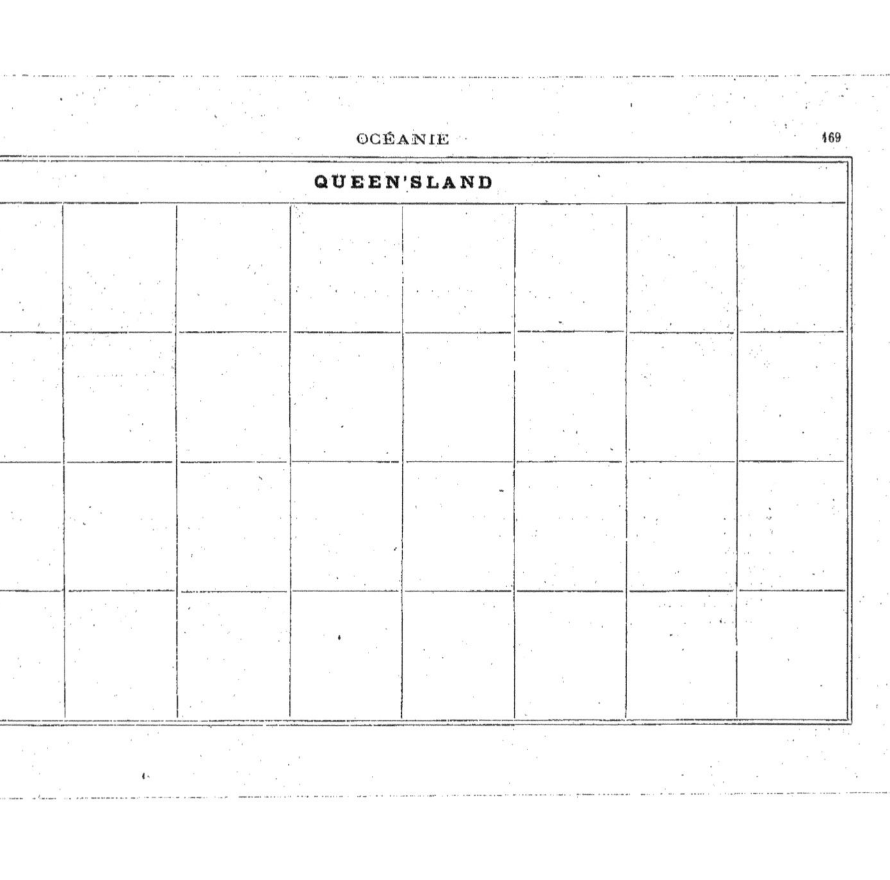

VAN-DIEMEN
TASMANIE

(Possession Anglaise)

1re émission (non dentelés). — Timbres octogones, imprimés en couleur sur blanc, effigie couronnée de la reine à droite : Jaune, 4 pence. — Orange, 4 pence. — Vermillon, 4 p. — Timbre rectangulaire à coins évidés, effigie dans un ovale : Bleu ciel, 1 penny.

2e émission (non dentelés). — Timbres rectangulaires, imprimés en couleur sur blanc, effigie couronnée de face : Vermillon, 1 penny. — Orange, 1 penny. — Brique, 1 penny. — Vert vif, 2 pence. — Vert bronze, 2 pence. — Vert foncé, 2 pence. — Bleu vif, 4 pence. — Bleu pâle, 4 pence.

TASMANIE. — Timbres octogones courbes, imprimés en couleur sur blanc, effigie couronnée de face : Gris, 6 pence. — Lilas, ... pence.

Timbre octogone, même effigie : Vermillon, 1 shilling.

Émission dentelée. — Timbres rectangulaires : Brique, 1 penny. Vert foncé, 2 pence. — Bleu, 4 pence.

Timbre octogone courbe : Lilas, 6 pence.

Timbre octogone : Vermillon, 1 shilling.

1868. — Timbres rectangulaires, dentelés, imprimés en couleur s... blanc : Vermillon foncé, 1 p. — Carmin, 1 p.

Timbres octogones dentelés, imprimés en couleur sur blan... Lie de vin, 6 p. — Violet vif, 6 p.

VAN-DIEMEN				TASMANIE			

VICTORIA

(Possession Anglaise)

1852. — Timbres rectangulaires, imprimés en couleur sur blanc, buste de la reine de face : Vermillon, percé en lignes, 1 p. — Gris, 2 p. — Variété dans la bordure : Gris, 2 p. — Bleu foncé, 3 p.

1854. — Bleu pâle, 3 p. — (non dentelés). — Semblables : Bleu, 3 p.— Bleu, 3 p.

1857. — Timbres rectangulaires, plus allongés, gravés sur pierre, imprimés en couleur sur blanc, la reine assise sur le trône : Brun marron, 2 p. — Brun noir, 2 p. — Violet rose, 2 p.

1860-1864. — Reine au trône, avec la légende VICTORIA en haut, valeur en lettre en bas, encadrement différent : Vert, 4 p. — Bleu, 6 p.

1858. — Timbres octogones, non dentelés, effigie à gauche dans un cercle : Bleu foncé, 1 shilling. — Bleu pâle, 1 shil.

1861. — Semblables, dentelés : Bleu, 1 shil. — Bleu pâle, 1 shil. — 1865. — Semblable : Bleu sur bleu, 1 shil.

1858. — Timbres rectangulaires, effigie dans un ovale brisé : Jaune, 6 p. — Orange, 6 p. — TOO LATE, légende en vert, 6 p. — Registered, Rose, 1 shilling. — Vert, 2 sh. — Dentelés : Orange vif, 6 p. — Jaune, 6 p. — Vert, 2 shillings.

VICTORIA

VICTORIA

(Possession Anglaise)

1862. — Timbres semblables aux précédents : Noir, 6 p. (non dentelé). — Noir, 6 p. (dentelé). — Bleu sur vert, 2 shil.

1859. — Timbres aux attributs, non dentelés, rectangulaires, effigie à gauche dans un ovale, bouquets sur les côtés, VICTORIA en haut, valeur en lettres en bas : Vert, 1 p. — Vermillon, 4 p. — Violet, 2 p. — Brique, 4 p. — Rose, 4 p.

1861. — Les mêmes timbres, dentelés, Vert, 1 p. — Rose, 4 p. — Violet, 2 p. — Mauve, 2 p.

1862. — Timbres rectangulaires à coins arrondis, dentelés, effigie à gauche dans un ovale perlé, avec la légende VICTORIA POSTAGE en haut, valeur en lettres en bas et en chiffres sur les côtés : Bleu pâle, 3 p. — Bleu foncé, 3 p. — Rose, 4 p. — Orange, 6 p. — Noir, 6 p. — Variété, légende VICTORIA en haut, chiffres et légendes en gros caractères : Noir, 6 p.

1862. — Timbres rectangulaires dentelés, effigie à gauche dans un ovale, légende VICTORIA en haut, fleurons sur les côtés : Vert, 1 p. — 1865 : Lie de vin, 3 p.

1863-1868. — Timbres rectangulaires, dentelés, effigie à gauche dans un cercle, VICTORIA en haut, valeur en bas : Rose, 4 p. — Vert, 1 p. — Violet, 2 p. — Orange, 8 p.

1866. Timbres rectangulaires, dentelés, buste à gauche dans un ovale, VICTORIA en haut : Gris vert, 6 p. — Bleu, 6 p. — Brun sur rose, 10 p., valeur sur les côtés. — Lilas, 3 p. — avec chiffres aux quatre angles, couronnes sur les côtés.

1868. — Timbres carrés, effigie laurée à gauche dans un cercle historié, VICTORIA en haut, valeur en lettres en bas, légende en rouge : Bleu sur jaune, 5 shil. — Bleu sur blanc, 5 shillings.

Émission de 1871. — Type 1866, avec la surcharge en bleu : NINE PENCE et chiffre 9 : Brun et bleu, 9 p.

Too Late. — Effigie de la reine, impression en deux couleurs sur papier blanc, lilas et vert, 6 pence.

Registered. — Même effigie : Rose et bleu, 1 shilling.

Enveloppes. — Effigie en relief de la reine, timbre placé à droite, impression en couleur sur papier blanc : Rose, 2 pence.

VICTORIA

VICTORIA

VICTORIA

ZÉLANDE (N^{LLE})

(Possession Anglaise)

Papier azuré, 1855. — Timbres rectangulaires imprimés en couleur sur papier azuré, tête de face : Vermillon, 1 p. — Bleu, 2 p. — Vert, 1 shilling.

Papier pelure, 1859. — Timbres semblables : Orange, 1 p. — Outremer, 2 p. — Brun, 6 p. — Vert foncé, 1 shilling.

Papier à étoiles. — Timbres semblables non dentelés : Vermillon, 1 p. — Bleu, 2 p. — Brun noir, 6 p. — Vert bleu, 1 shil.

1863. — Timbre semblable : Violet, 3 pence.

1864. — Timbres semblables aux précédents : Rouge foncé, 1 p. — Brun foncé, 2 p. — Brun rouge, 6 p. — Vert jaune, 1 shil. —

1867. — Lilas foncé, 3 p.

1864. — Timbres semblables, dentelés, piqués ou percés en lignes : Vermillon, 1 p. — Bleu foncé, 2 p. — Violet foncé, 3 p. — Brun noir, 6 p. — Vert foncé, 1 shilling.

D° — Timbres semblables : Rouge, 1 p. — Bleu pâle, 2 p. — Brun rouge, 6 p. — Vert jaune, 1 shilling.

1865. — Timbre semblable : Rose, 4 p.

1866. — Timbre semblable : Jaune, 4 p.

Émission de 1872. — Timbres semblables, dentelés, imprimés en couleur sur papier blanc : Bistre, 1 p. — Rouge, 2 p. — Bleu, 6 p.

ZÉLANDE (Nlle)

ANTILLES
ESPAGNOLES

1866. — Timbre rectangulaire semblable à ceux de Cuba avec les chiffres 66 en surcharge : Noir sur chamois, 1/4 réal Plata.

1865 (non dentelés). — Timbres semblables non dentelés, imprimés en couleur sur blanc, type des timbres d'Espagne 1864 : Lilas, 5 c. — Bleu, 10 c. — Vert, 20 c. — Rose, 40 c.

1867 (dentelés). — Les mêmes timbres dentelés : Lilas, 5 c. — Bleu, 10 c. — Vert, 20 c. — Rose, 40 c.

1868. — Timbres semblables dentelés avec la légende ULTRAMAR en haut, valeur en bas avec le millésime 1868, lettre C à l'angle gauche supérieur, lettre O à l'angle droit supérieur, et lettre R en bas, à droite et à gauche ; effigie diadème à gauche, Lilas, 5 c. — Bleu, 10 c. — Vert, 20 c. — Rose, 40 c.

1869. — Semblables : Rose, 5 c. — Brun, 10 c. — Orange, 20 c. — Violet. 40 c.

Émission de 1869. — Timbres semblables, millésime de 1869 et HABILITADO POR LA NACION, imprimés en couleur sur papier blanc, dentelés : Rose, 5 cent. — Bistre, 10 c. — Jaune, 20 c. — Violet, 40 c.

1870. — Tête allégorique de l'Espagne, millésime de 1870, dentelés, imprimés en couleur sur papier blanc : Bleu, 5 c. — Vert, 10 c. — Bistre, 20 c — Carmin. 40 c.

1871. — Millésime de 1871 : Gris lilas, 12 c. de peseta. — Bleu, 25 cent. de p. — Vert, 50 cent. de p. — Jaune, 1 peseta.

FERNANDO-PO 1869. — Timbre rectangulaire, dentelé, effigie à gauche : Brun, 20 c. de escudo.

ANTILLES ESPAGNOLES

ARGENTINE

(République)

PROVINCES UNIES DE RIO DE LA PLATA

Timbres rectangulaires imprimés en couleur sur blanc : Rouge, 5 centavos. — Bleu, 15 c. — Timbre semblable, chiffres plus grands : Rouge, 5 c.

1862. — Timbres rectangulaires imprimés en couleur sur blanc, armoiries : Rouge, 5 cent. — Vert, 10 cent. — Bleu, 15 c.

(Non dentelés.) — Timbres rectangulaires unis, imprimés en couleur, effigié de 3/4 à gauche de Don Bernardin Rivadavia, bienfaiteur du pays : Rouge, 5 cent. — Vert, 10 cent. — Effigie de Belgrano : Bleu, 15 cent. Effigie de San Martino.

(Dentelés.) — Timbres semblables : Rouge, 5 c. — Vert, 10 cent. — Bleu, 15 cent.

CORRIENTES

État de Corrientes. — Timbres rectangulaires, tête de la liberté à gauche : Noir sur bleu, 1 réal M. C. — Noir sur bleu, sans valeur indiquée (3 centavos). Il existe huit types différents de ces timbres.

1863. — Timbre semblable : Vert jaune, sans valeur. — Semblable, vert bleu.

1868. — Noir sur jaune.

BOLIVIE (République)

1867. — Timbres rectangulaires, imprimés en couleur sur blanc, aigl dans un ovale : Vert noir, 5 c. — Vert jaune, 5 c. — Vert pâle 5 c. — Brun foncé, 10 c. — Jaune, 50 c. — Bleu, 100 centavos.

D° Semblables : Lilas, 5 c. — Bleu, 50 c.

1868. Même type : Vert, 5 c. — Rouge, 10 c. — Bleu, 50 c. — Jaune 100 c. — Noir, 500 c., armes dans un cercle, 9 étoiles.

Émission de 1871. — Timbres semblables avec onze étoiles, au lieu d neuf : Vert, 5 centav. — Rouge, 10 centav. — Bleu, 50 centav Orange, 100 centav. — Noir, 500 centav.

SAN-SALVADOR (République)

1867. — Timbres oblongs (dentelés), volant dans un ovale, entouré de 1 étoiles, chiffres aux 4 angles, légende : CORRÉOS DEL SAL VADOR : Bleu, 1/2 r. — Rouge, 1 réal. — Vert, 2 r. — Brun 4 r.

ARGENTINE (République). — **CORRIENTES**. — **BOLIVIE**. — **SAN-SALVADOR**

BRÉSIL

DOM PEDRO II d'ALCANTARA (Jean-Charles-Léopold-Salvador-Bidiano-Xavier-da-Paula-Leocadio-Michel-Gabriel-Raphael-Gonzaga)

Né le 2 Décembre 1825

Empereur le 3 Juillet 1840

Grands chiffres droits. — Timbres rectangulaires, imprimés en couleur sur blanc : 30 reis. — 60 reis. — 80 reis.

Chiffres penchés. — Timbres rectangulaires, imprimés en noir sur blanc : 10 reis. — 30 reis. — 60 reis. — 90 reis. — 180 reis. — 300 reis. — 600 reis.

Petits chiffres droits. — Timbres rectangulaires, imprimés en noir sur blanc : 10 reis. — 20 reis. — 60 reis. — 90 reis — 180 reis — 300 reis. — 600 reis.

1854. — Chiffres de couleur : Bleu, 10 r. — Bleu, 30 r. — Vermillon, 280 r. — Jaune, 430 r. Les mêmes (dentelés 1866).

1866. — Timbres remis en cours après les timbres à effigie, petits chiffres droits : Noir, 20 r. — Noir, 30 r. — Noir, 60 r. — Noir, 90 r. — Noir, 180 r. — Noir, 300 r. — Noir, 600 r.

TIMBRES A EFFIGIES

1866. — Timbres à types variés (dentelés), imprimés en couleur sur blanc, effigie de l'Empereur : Rouge, 10 r. — Violet, 20 r. (Tête à gauche.) — Bleu foncé, 50 r (Buste de face dans un ovale.) — Brun violet, 80 r. (Buste de face dans un cercle. — Vert, 100 r. (Buste semblable.) — Noir, 200 r. (Tête gauche). — Orange, 500 r. (Buste de face.) Tous ces timbres portent en haut la légende : BRAZIL et la valeur en lettre en bas.

Enveloppes 1867. — Timbres ovales, estampillés à droite, sans inscriptions, effigie a gauche, imprimés en couleur sur blanc : Vert, 100 reis. — Noir, 200 reis. — Vermillon, 300 reis.

BRÉSIL

BRUNSWICK
(Nouveau)

(Possession Anglaise)

Papier bleu. — Timbres carrés posés en losange, imprimés en couleur sur bleu, Rose (Angleterre), Trèfle (Irlande), Chardon (Écosse) : Rouge brique, 3 pence. — Jaune, 6 pence. — Violet, 1 schilling.

Papier glacé. — Timbres oblongs dentelés, valeur en chiffres aux quatre angles, Bleu, 12 1/2 cents. — Locomotive à droite dans un ovale semblable : Sépia, 1 cent.

1864. — Chemin de fer dans un ovale, timbre oblong : Violet, 1 cent. — Timbre rectangulaire à lignes courbes, effigie plus petite : Orange, 2 cents. — Effigie de la reine : Vert clair, 5 c. — Effigie semblable : Vert foncé, 5 cents. — Timbre rectangulaire, dentelé, imprimé en couleur sur blanc : Vermillon, 10 cents. — Timbre rectangulaire, dentelé, en couleur sur blanc, effigie du Prince de Galles de face : Noir, 17 centavos.

BRUNSWICK (Nouveau), Possession Anglaise

BUENOS-AYRES

1858. — Timbres rectangulaires oblongs, imprimés en couleur sur blanc : Bleu, 2 pesos. — Vert, 3 pesos. — Rouge, 4 pesos. — Jaune, 5 pesos.

1858. — Timbres rectangulaires oblongs, imprimés en couleur sur blanc : Brun clair, 4 r. — Brun foncé, 1 peso.

1859. — Timbre semblable : Bleu, 1 peso.

1859. — Timbres rectangulaires oblongs, tête de liberté à gauche : Vert, 4 réales (papier azuré). — Bleu sur blanc, 1 p. — Rouge sur jaune, 2 p.

1862. — Timbres semblables : Rose, 1 peso. — Bleu, 2 pesos.

CHILI

(République)

1851. — Timbres rectangulaires, imprimés en couleur, non dentelés, tête de Christophe Colomb à gauche, imprimés en couleur azuré : Rouge, 5 c. — Bleu, 10 c.

1852. — Même type sur papier jaunâtre : Brun jaune, 5 c. — Bleu ind 10 c. — 1852, même type sur papier blanc : Jaune, 1 c. — V millon, 10 c. — Bleu de Prusse, 10 c. — Vert, 20 c. — 18 Timbres plus grands : CHILE en haut, COLON en bas : Jau 1 c. — Noir, 2 c. — Bleu, 10 c. — Vert, 20 c.

Cartes de correspondance 1872. — Impression noire sur carton bl 13 c. sur 8 c. 1/2. - Encadrement formé d'un double filet. criptions dans un cadre orné, impression en couleur sur pier bleu (trois variétés).

Cartes avec timbre, armoiries, CARTA TARJETA, cadre fo d'une grecque : Rouge, 2 centav. — Violet, 5 cent.

Enveloppes. — Effigie à gauche : Brun, 2 centav. (cadre ovale). — Vic 5 centav. (rectangulaire avec angles arrondis). — Bleu, centav. (hexagone). — Rose, 15 centav. (ovale festonné). V 20 centav. (octogone).

BUENOS-AYRES			CHILI				

CANADA

(Possession Anglaise)

1857. — Timbres rectangulaires imprimés en couleur sur blanc, effigie à gauche : Rose, 1/2 p. — Timbre oblong, castor à gauche dans un ovale : Rouge, 3 p. — Rectangulaire, effigie du Prince Albert de 3/4 à droite : Bleu violacé, 6 p. — Semblable : Brun noir, 6 p. — Vert, 7 1/2 p. (effigie de la reine). — Bleu, 12 p. (effigie de J. Cartier).

1858. — Semblables, dentelés : Rose, 1/2 p. — Rouge, 3 p. (castor). — Brun, 6 p. (Prince Albert).

1860. — Semblables, valeur en monnaie américaine, dentelés : Rose, 1 c. — Rouge, 5 c. (castor). — Brun, 10 c. (prince Albert). — Vert, 12 1/2 c. (reine). — Bleu, 17 c. (J. Cartier).

1864. — Remblables : Rose, 2 c. (reine). — Brun violet, 10 c. — Lie de vin, 10 c.

1868. — Timbres rectangulaires, dentelés, effigie à droite : Noir, 1/2 c. — Timbres plus grands, semblables : Brun rouge, 1 c. — Vert, 2 c. — Vermillon, 3 c. — Brun, 6 c. — Bleu, 12 1/2 c. — Violet, 15 c.

Enveloppes. — Grands timbres ovales, imprimés en couleur sur papier blanc, effigie en relief à gauche : Vermillon, 5 c. Marron, 10 c.

Carte de correspondance, émission de 1871. — Impression bleue sur carton chamois, encadrement orné, timbre à l'angle droit supérieur, légende en haut : CANADA POST CARD : Bleu, 1 cent.

CANADA

CUBA

(Possession Espagnole)

1855. — Timbres rectangulaires, imprimés en couleur sur papier bleu avec boucles, effigie de la reine Isabelle II : Bleu, 1/2 réal. — Vert, 1 r. — Rouge, 2 r. — Petits chiffres. — Rose, 2 r. Y 1/4 — Gros chiffres, Rose, 2 r. Y 1/4.

1856. — Timbres rectangulaires, imprimés en couleur sur papier vergé filigrané avec losanges : Bleu vert, 1/2 r. — Vert jaune, 1 r. — Rouge orangé, 2 r. — Rouge orangé, 2 r. Y 1/4.

1857. — Timbres rectangulaires, imprimés en couleur sur papier bla[nc] ordinaire : Bleu vert, 1/2 r. — Bleu foncé, 1/2 r. — Vert cla[ir] 1 r. — Vert foncé, 1 r. — Rouge, 2 r. — Rouge orangé, 2 Y 1/4.

1864. — Timbres rectangulaires, imprimés en couleur sur couleur : N[oir] sur jaune, 1/5 r. — Vert sur rose, 1/2 r. — Bleu sur chair[,] r. — Rouge sur chair, 2 r. (Ces timbres sont au même type q[ue] ceux de l'Espagne et ne diffèrent que par la manière de compte[r]

CUBA

ÉTATS-UNIS

—

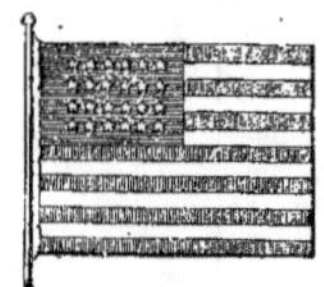

Ville de New-York. — Timbres rectangulaires de grande dimension, portrait de Washington de 3/4 à gauche : Noir sur blanc, 5 cents — Timbre semblable sur papier bleu : Noir, 5 cents.

1851. — Timbres oblongs, imprimés en couleur sur blanc aigle à gauche tenant un rameau d'olivier : Bleu, 1 cent. — Courrier à droite tenant dans la main gauche une banderole avec la valeur en lettres : Gris 1 cent. — Timbre semblable : Rouge, 1 cent.

Timbre rectangulaire, portrait de Franklin à gauche : Bronze sur papier blanc, 5 cents. — Timbre rectangulaire, portrait de Washington à droite : Noir sur papier bleu, 10 cents. (Les deux timbres semblables sur papier blanc sont des essais.)

1851. — Timbres rectangulaires unis, imprimés en couleur sur blanc effigie de Franklin à droite : Bleu, 1 cent. — Effigie de Washington à gauche : Rouge 3 cents. — Effigie de Jefferson à droite : Brun, 5 cents. — Effigie de Washington à gauche Vert, 10 cents. — Effigie de Washington à gauche : Noir 12 cents.

Bancroft's, — Timbre rectangulaire, dentelé, imprimé en couleur sur blanc, effigie à droite, Montréal : Bleu, 5 c.

ÉTATS-UNIS

ÉTATS-UNIS

États Confédérés

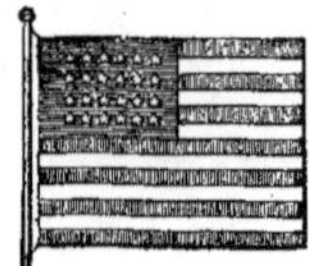

1862. — Timbre rectangulaire, effigie de Colqunhoun de face : Jaune, 1 cent.

Timbre rectangulaire dentelé, effigie d'Andrew Jackson : Vert, 2 cents.

Timbre rectangulaire, effigie de J. Davis : Bleu, 5 cents.

Timbre rectangulaire, même effigie : Vert, 5 cents.

Timbres rectangulaires, effigie de Beauregard : Rose, 10 cents. — Semblable : Bleu, 10 cents.

1863. — Timbre rectangulaire, effigie de Andrew Jackson : Lie de vin, 2 cents.

Timbre rectangulaire, effigie de Davis (Londres) : Bleu ciel, 5 cents. — Timbre semblable (N.-Orléans) : Bleu foncé, 5 cents.

Timbre rectangulaire, effigie de Beauregard (Londres) : Bleu ciel, 10 cents. — Semblable (N.-Orléans) : Bleu foncé, 10 cents.

Semblable (TEN cents) : Bleu, 10 cents.

Timbre rectangulaire, effigie de Washington : Vert bleu, 20 cents. — Semblable : Vert jaune, 20 cents.

ÉTATS-UNIS

ÉTATS-UNIS

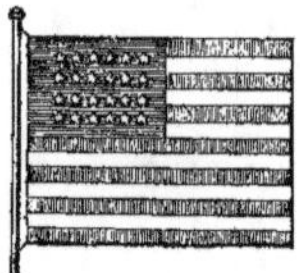

Enveloppes (grande dimension). — Émission du 1ᵉʳ août 1852 sur papier blanc, ovales, imprimés en couleur, effigie en relief à gauche : Rouge, 3 cents. — Rouge, 6 cents. — Vert clair, 6 cents. — Vert foncé, 10 cents.

Dᵒ   Même émission sur papier jaune, semblables : Rouge, 3 cents. — Rouge, 6 cents. — Vert clair, 6 cents. — Vert foncé, 10 cents.

Enveloppes (petite dimension). — Émission de 1860 sur papier blanc, ovales, imprimés en couleur, effigie en relief : Bleu (effigie à droite), 1 cent. — Rouge, 3 cents. — Rouge, 6 cents. — Vert, 10 cents.

Enveloppes. — Même émission sur papier jaune, semblables : Bleu (effigie à droite), 1 cent. — Rouge, 3 cents. — Rouge, 6 cents. — Vert, 10 cents.

Titres doubles. — Émission sur papier blanc : Bleu, 1 cent. — Rouge, 3 cents, réunis sur la même enveloppe.

1861. — Émission sur papier jaune : Bleu, 1 cent. — Rouge, 3 cents, réunis dans la même enveloppe.

Enveloppes 1866. — Timbres oblongs ovales, gaufrés sur papier filigrané fond à pleine couleur, effigie à gauche, valeur en chiffres sur les côtés : Jaune, 9 c. — Brun, 12 c. — Rouge 18 c. — Bleu, 24 c. — Vert, 30 c. — Rose, 40 c.

ÉTATS-UNIS

ETATS-UNIS

Suite

1857. — Timbre rectangulaire fleuronné, effigie de profil de Franklin à droite. — Bleu, 1 cent. — Timbre rectangulaire, effigie de Washington : Rouge. 3 cents. — Timbre rectangulaire, effigie de Jefferson à droite : Brun rouge, 5 cents. — Brun noir, 5 c. — Timbre rectangulaire aux angles arrondis, effigie de Washington : Vert, 10 cents. — Timbre rectangulaire dentelé, effigie de Washington : Noir, 12 cents. — Timbre à lignes courbes, effigie de Washington à droite : Lilas, 24 cents. — Timbre rectangulaire dentelé, effigie de Franklin à gauche ; Orange, 30 cents. — Timbre rectangulaire dentelé, effigie de Jefferson à gauche : Bleu, 90 cents.

1861. — Timbre rectangulaire, effigie de Washington à gauche : Bleu foncé, 1 cent. — Timbre semblable : Rose, 3 cents. — Timbre rectangulaire, effigie de Jefferson à gauche : Brun foncé 5 cents. — Timbre semblable : Brun clair, 5 cents. — Timbre rectangulaire, effigie de Washington à gauche : Vert, 10 cents. — Timbre rectangulaire, même effigie : Noir, 12 c. — Timbre rectangulaire, effigie de Washington à droite : Lilas foncé 24 cents. — Timbre semblable : Lilas clair, 24 cents. — Timbre rectangulaire, effigie de Franklin à gauche : Orange, 30 cents. — Timbre rectangulaire, effigie de Jefferson à gauche : Bleu 90 cents.

1863. — Timbre rectangulaire, grande effigie de Jackson de face : Noir, 2 cents.

Chiffre taxe. — Grand chiffre frappé avec un timbre à main : Rouge. 15 c.

ÉTATS-UNIS

ÉTATS-UNIS

Suite

———

1869. — Timbres carrés, types divers dentelés : Brun jaune, 1 c. — Brun foncé, 2 c. — Bleu, 3 c. — Bleu foncé, 6 c. — Orange, 10 c. — Vert, 12 c. — Brun et bleu, 15 c. — Vert et noir, 24 c. — Bleu et rouge, 30 c. — Rouge et noir, 90 c.

Émission de 1870-71. — Types divers en relief, imprimés en couleur sur papier blanc : Bleu, 1 cent. — Brun, 2 cent. — Vert, 3 cent. — Chair, 6 cent. — Brun, 10 cent. — Noir, 10 cent. — Violet, 12 cent. — Orange, 15 cent. — Violet, 24 cent. — Noir, 30 c. Carmin, 90 cent.

Enveloppes. — Grand timbre ovale imprimé en couleur sur blanc : Rose, 3 cents. — Timbre semblable sur papier jaune : Rose, 3 cents. — Timbre semblable sur papier bleu : Rose, 3 cents. — Effigie en relief à gauche, valeur en lettres.

D° Timbre ovale, imprimé en couleur sur blanc. Effigie en relief à gauche : Rose, 6 cents. — Timbre semblable sur papier jaune : Rose, 6 cents.

D° Timbre ovale oblong, imprimé en couleur sur papier blanc, effigie en relief à gauche : Vert, 10 cents. — Timbre semblable sur papier jaune : Vert, 10 cents.

D° Timbres semblables : Noir et rouge, 40 cents. — Rouge sur vert, 24 cents. — Rouge sur bleu, 20 cents. — Rouge sur brun, 12 cents.

D° Timbre en hexagone sur papier jaune clair, tête en relief à gauche. Noir, 2 cents.

D° 1864. — Grands timbres ovales, lettres de la légende plus grandes : Rose, 3 cents. — Semblables : Rose, 3 cents.

Carte de correspondance. — Carte de moyen format, cadre orné, timbre à droite ; à gauche, la légende : UNITED STATES, POSTAL CARD.

ÉTATS-UNIS

ÉTATS-UNIS

DE

COLOMBIE

1862. — Timbres octogones, imprimés en couleur sur blanc, armes : Bleu clair, 10 c. — Bleu foncé, 10 c. — Rouge 20 c. — Vert, 50 c. — Vert foncé, 50 c. — Lilas, 1 peso. — Lilas (papier azuré), 1 peso.

1863. — Timbres octogones, armes dans un écusson : Jaune-orange, 5 c. — Ocre, 5 c. — Bleu, 10 c. — Bleu (papier azuré), 10 c. — Rouge, 20 c. — Vert (papier azuré), 50 c.

1864. — Timbres octogones et fleurons aux angles, semblables : Jaune, 5 c. — Orange, 5 c. — Bleu foncé, 10 c. — Bleu pâle, 10 c. — Rouge foncé, 20 c. — Rouge, 20 c. — Vert foncé, 50 c. — Vert, 50 c. — Violet, 1 peso. — Lilas, 1 peso.

1865. — Grands chiffres. — Timbres rectangulaires, armes : Orange, 5 c. — Violet-brun, 10 c. — Brun foncé, 20 c. — Vert foncé, 50 c. — Carminé, 1 peso. — Petits chiffres : Jaune, 5 c. — Mauve, 10 c. — Bleu ciel, 20 c. — Vert, 50 c. — Vermillon, 1 peso.

ÉTATS-UNIS DE COLOMBIE

ÉTATS-UNIS

DE

COLOMBIE

1865. — Timbres rectangulaires à bordure festonnée : Rose, 1 c. (papier fort). — Rose, 1 c. (papier pelure).

1867. — Timbres à types variés : Orange, 5 c. — Jaune, 5 c. — Lilas, 10 c. — Mauve, 10 c. — Bleu, 20 c. — Vert, 50 c. — Vermillon, 1 peso. — Même type, imprimés en noir sur papier glacé : Vert, 5 peso. — Armes dans un ovale : Vermillon, 10 p. (armes dans un rectangle).

1868. — Timbre rectangulaire, armes dans ovale brisé : Lilas (non dentelé), 10 c.

SOBRE PORTE. 1865. — Timbres rectangulaires : Bleu, 25 c. — No[ir] sur jaune, 50 c. — Lilas, 1 peso. — Armes.

D° 1867. — Timbres rectangulaires, armes : Paille, 25 c. — Écusson entouré de 9 étoiles : Vert, 50 c. — Écusson dans oval[e] Bleu, 1 peso.

Cubiertas. — Enveloppes servant aux lettres chargées : Noir et blanc, 50 [c.] Timbre triangulaire : Noir sur lilas rose, 2 c. 1/2. — Timbr[es] carrés pour lettres enregistrées. A dans une couronne : No[ir] 5 c. — R dans une étoile, chiffres dans les 6 rayons, légen[de] autour : Noir, 5 c.

ÉTATS-UNIS DE COLOMBIE

ÉTATS-UNIS
DE
COLOMBIE

1869. — Timbre rectangulaire, armoiries en couleur sur blanc : Jaune, 5 centavos.

Émission de 1867. — Timbres semblables, imprimés en noir sur papier glacé : Vert. 5 pesos. — Rouge, 10 pesos.

1868-1870. — Semblables, imprimés en couleur sur blanc : Jaune 5 c. — Violet, 10 cent. — Bleu, 20 cent. — Vert, 50 cent, — Chair, 1 peso. — Noir sur vert, 5 pesos. — Noir sur rouge, 10 pesos.

1872. — Timbre avec armoiries, valeur en lettres en bas : Gris vert, 1 centavo.

CUNDINAMARCA. — Grands timbres rectangulaires, armes : Bleu sur blanc, 2 c. — Noir sur blanc, 1 peso.

Émission de 1872. — Valeur en grands chiffres au centre : Bleu, 5 centav. — Rose, 10 centav.

CUBIERTAS. — Grands timbres rectangulaires, pour lettres recommandées, imprimés en bistre sur jaune clair, papier blanc, valeur en chiffres dans des écussons aux angles supérieurs, drapeau national (jaune, bleu, rouge), légende : Jaune et Bistre, 25 c. (pour lettres recommandées ne contenant pas de valeurs). — Jaune et Bistre, 50 c. (pour lettres recommandées, renfermant des valeurs déclarées).

MAGDALENA. — Timbre oblong, imprimé en noir sur blanc, typographie, E. E. U. U. DE COLUMBIA E. S. DEL MAGDALENA en haut, petit écusson au centre, valeur en bas, 10 c. — Grand timbre rectangulaire (1866) en haut, armes au centre, valeur en lettres en bas, armes dans un ovale, avec la légende indiquée plus haut : Bleu, 20 c. — Timbre plus petit, rectangulaire, semblable : Bleu, 20 c. — Chiffre aux angles (1867 en bas). — Grand timbre rectangulaire, 1863, semblable à celui de 1866 : Bleu, 20 c.

BOLIVAR. 1867. — Petits timbres rectangulaires, en couleur sur blanc, armoiries : Rouge, 10 c. — Vert, 10 c. — Rouge, 1 peso.

ANTIOQUIA. — Rectangulaires, couleur sur blanc, armoiries : Bleu, 2 1/2 c. — Vert, 5 c. — Lilas, 10 c. — Brun, 20 c. — Rose, 1 peso.

TOLIMA. — Timbres imprimés en noir sur papier de couleur, cadre fleuronné : Bleu, 2 cent. — Bleu, 5 cent.

1871. — Semblables, armoiries, imprimés en couleur sur papier blanc : Bistre, 5 cent. — Bleu, 10 cent.

ÉTATS-UNIS DE COLOMBIE

ÉTATS-UNIS

DE LA

NOUVELLE GRENADE

1859. — Timbres rectangulaires, octogones à l'intérieur, imprimés en couleur sur blanc, armes dans un ovale perlé : CONFED. GRANADINA CORREOS NACIONALES, valeur en bas, répétée au-dessus et au-dessous du cercle en chiffres : Brun, 5 c. — Jaune brun, 10 c. — Bleu ciel, 20 c. — Gris, 5 c. — Lilas, 5 c. — Jaune clair, 10 c. — Bleu foncé, 20 c.

1860. — Semblables, chiffres plux petits : Vert-jaune, 2 1/2 c. — Vert foncé, 2 1/2 c. — Lilas, 5 c. — Bleu, 5 c. — Violet, 5 c. — Jaune, 10 c. — Chocolat, 10 c. — Rouge orange, 10 c. — Bleu foncé, 20 c. — Gris-bleu, 20 c. — Carmin pâle, 1 peso. — Carmin foncé, 1 peso. — (Carmin sur papier azuré), 1 peso.

1861. — Timbres rectangulaires plus grands que les précédents, légende : ESTADOS UNIDOS DE NUEVA GRANADA, neuf étoiles dans le bas, valeur : Noir, 2 1/2 c. — Saumon, 5 c. — Jaune, 5 c. — Bleu, 10 c. — Rouge, 20 c. — Rose, 1 peso.

ÉTATS-UNIS DE LA NOUVELLE GRENADE

GUYANE ANGLAISE

1850. — Timbres ronds, chiffres au centre imprimés en noir sur couleur : Jaune, 4 c. — Vert, 8 c. — Bleu, 12 c.

1850. — Timbres rectangulaires allongés, écusson avec armes au centre, légende BRITISH à gauche, GUIANA à droite, valeur en haut, DAMUS PETIMUS QUE VICISSIM en bas : Rouge, 4 c. — Bleu, 4 c.

1851. — Timbres oblongs, imprimés en noir sur couleur, vaisseau au centre, POSTAGE à gauche, BRITISH en haut, en bas, valeur à droite, même légende : Bleu, 4 c. — Rouge, 4 c.

1853. — Timbres rectangulaires dentelés, vaisseau à gauche dans un ovale, millésime aux quatre angles, légende de l'ovale semblables, valeur en bas : Rouge, 4 c. — Bleu, 4 c. (cadre sa filet). — Bleu, 4 c. (cadre avec filet).

1860. — Même type, dentelés : Rose, 4 c. — Brun noir, 4 c. (1862). Brun rouge, 4 c. (1862). — Noir, 4 c. (1863). — Orange, 2 — Jaune, 2 c. — Bleu ciel, 4 c. — Bleu vert, 4 c. — Chair, 8 — Rose, 8 c. — Lilas, 8 c. (1866). — Violet, 12 c. — Gr 12 c. — Vert clair, 24 c. — Vert foncé, 24 c.

Émission de 1863-1868. — Timbres rectangulaires, dentelés, imprim en couleur sur blanc, vaisseau dans un cercle, valeur en chiff romains, légende B. GUIANA en haut : Bleu foncé, 6 c. — Bl clair, 6 c. — Bleu vert, 6 c. — Vert foncé, 24 c. — Vert én raude, 24 c. — Rose, 48 c. — Carmin vif, 48 c. (1868).

GUYANE ANGLAISE

MEXIQUE

MAXIMILIEN Ier (Ferdinand-Joseph)

Archiduc d'Autriche, Né le 6 Juillet 1832
Empereur le 10 Avril 1864

République 1857. — Timbres rectangulaires, imprimés en couleur sur blanc, effigie à gauche : Bleu, 1 réal. — Jaune, 1 réal. — Vert, 2 réals. — Rouge, 4 réals. — Violet, 8 réals.

1857. — Timbres rectangulaires, imprimés en noir sur couleur, même effigie : Noir sur chamois, 1/2 réal. — Noir sur vert, 1 réal. — Noir sur rose, 2 réals. — Noir sur jaune, 4 réals. — Noir sur rouge bistre, 8 réals.

1861. — Timbres semblables, imprimés en couleur sur couleur même effigie : Rouge sur jaune, 4 réals. — Vert sur lilas, 8 réals.

Hidalgo 1864. — Timbres rectangulaires dentelés : Noir, 1 peso. — Rouge, 1 réal. — Bleu, 2 réals. — Brun, 4 réals.

EMPIRE 1864. — Timbres rectangulaires, imprimés en couleur sur blanc, armes dans un ovale : Brun, 1/2 r. — Bleu de Prusse, 1 r. — Orange foncé, 2 r. — Vert foncé, 4 r. — Rouge foncé, 8 r. — (1868) — Brun rouge, 3 c. — Gris violet, 1/2 r. — Bleu outre-mer, 1 r. — Citron, 2 r. — Vert pâle, 4 r. — Rouge pâle, 8 r. — (1865) — Bistre, 3 c.

1866. — Timbres rectangulaires, lithographiés en couleur sur blanc, effigie de Maximilien à gauche : Brun, 7 c. — Lilas, 7 c. — Gris, 7 c. — Bleu pâle, 13 c. — Bleu foncé, 13 c. — Orange, 25 c. — Ocre, 25 c. — Vert pâle, 50 c. — Vert foncé, 50 c.

1866-1867. — Timbres semblables, gravés : Violet, 7 c. — Bleu, 13 c. — Orange, 25 c. — Vert, 50 c.

MEXIQUE

MEXIQUE

(Guadalajara)

1867. — Semblables aux timbres de 1857 avec le mot MEXICO en lettres gothiques, imprimés sur papier azuré : Vert bleu, 1/2 r. — Bleu foncé, 2 r. — Vert, 2 r. — Rose pâle, 4 r. — Rose foncé, 4 r. — Gris sur gris, 1/2 r.

1867-1868. — Semblables, imprimés en couleur et le mot MEXICO en lettres gothiques : Noir sur chamois, 1/2 r. — Noir sur vert, 2 r. — Noir sur rose, 2 r. — Rouge sur jaune, 4 r. — Noir sur fauve, 8 r.

GUADALAJARA. — Timbres ronds, valeur et millésime au centre, imprimés en noir sur couleur : Noir sur blanc, 1/2 r. — Bleu pâle (valeur en lettres), 1 réal. — Vert d'eau, 2 r. (valeur en lettres et en chiffres). — Vert jaune, 2 r. (valeur en lettres et en chiffres). — Rose, 2 r. (d°). — Azuré, 4 r. (d°). — Rose, 4 r. (d°). — Lie de vin, 1 peso (valeur en lettres), le mot UN avec un U minuscule). — Lilas, 1 peso (valeur en lettres, le mot UN avec un U majuscule).

1867. — Timbres ronds percés en pointes, imprimés en noir sur couleur, légende FRANCO EN GUADALAJARA, valeur et millésime au centre : Blanc, 1/2 r. — Vert, 2 r. — Lie de vin, 1 peso (U minuscule).

1868. — Timbres semblables, avec le millésime de 1868 : Vert, 1 r. (valeur en lettres). — Lilas, 2 r. (valeur en lettres et en chiffres). — Rose, 2 r. (valeur en lettres et en chiffres).

1868. — Timbres rectangulaires dentelés, imprimés en couleur sur couleur, effigie du curé Hidalgo : Noir sur chamois, 6 c. — Noir sur vert, 12 c. — Bleu sur chair, 25 c. — Noir sur jaune, 50 c. — Noir sur jaune, 100 c.

République. — Effigie de Hidalgo, imprimé en couleur sur papier azuré : Vert, 1/2 réal. — Bleu, 1 réal. — Vert foncé, 2 r. — Rose, 4 r.

1867. — Semblables, imprimés en noir sur couleur, inscriptions en caractères gothiques : chamois, 1/2 réal. — Vert, 1 r. — Rose, 2 r. — Rouge sur jaune, 4 r. — Brun, 8 r. — Vert sur brun, 8 r.

1868. — Semblables, imprimés en couleur sur couleur, inscriptions noires : Noir sur chamois, 6 cents. — Noir sur vert, 12 c. — Bleu sur chair, 25 c. — Noir sur jaune, 50 c. — Noir sur brun, 100 c.

1869. — Semblables, sans inscriptions : Noir sur chamois, 6 cents. — Noir sur vert, 12 c. — Bleu sur chair, 25 c. — Noir sur jaune, 50 c. — Noir sur brun, 100 c.

1872. — Semblables, avec le mot ANOTADO en surcharge noire : 6, 12, 25, 50, 100 c.

D° Semblables, effigie dans un ovale : 6, 12, 25, 50, 100 c.

MEXIQUE

NOUVELLE ÉCOSSE

(Possession Anglaise)

1858. — Timbre carré, imprimé en couleur sur papier azuré, effigie couronnée de face avec pendants d'oreilles et collier de perles dans un losange entouré de fleurs, valeur en chiffres aux quatre angles, légende NOVA en haut, SCOTIA en bas, valeur en lettres à gauche, POSTAGE à droite : Brun rouge, 1 penny.

Timbres en losange, imprimés en couleur sur papier azuré, valeur en chiffres aux quatre angles, légende semblable au timbre précédent, couronne royale au centre dans un encadrement octogone, rose (Angleterre), trèfle (Irlande), chardon (Écosse) et quatre feuilles autour : Bleu, 3 pence. — Vert, 6 pence. — Violet, 1 shilling

Dentelés. — Timbres de formes variées, dentelés, imprimés en couleur sur papier blanc, NOVA SCOTIA en haut, valeur en bas, en ligne courbe, effigie à gauche dans un cercle, pendants d'oreilles et collier de perles, dans un encadrement ovale, bouquets de fleurs : Noir, 1 cent. — Timbre semblable : Violet, 2 cents. — Timbre semblable, profil à gauche dans un rond : Bleu foncé, 5 cents. — Timbre semblable : Bleu clair, 5 cents. — Timbre semblable : Vert, 8 1/2 cents. — Timbre semblable : Rouge, 10 cents. — Timbre semblable, valeur en bas, en ligne horizontale, effigie de face avec couronne : Noir, 12 1/2 cents.

NOUVELLE ÉCOSSE

PÉROU

République

———

1858. — Timbres carrés, cadres à doubles lignes, imprimés en couleur sur blanc, armes au centre : Bleu verdâtre, 1 dinero. — Vermillon, 1 peseta.

D°   Timbres plus petits, carrés, même type : Bleu, 1 dinero. — Rouge, 1 peseta. — Jaune, 1/2 peso. — Rose, 1/2 peso. — Inscriptions plus petites.

D°   Même type, légendes différentes : Bleu foncé, 1 dinero. — Rouge, 1 peseta. — Bleu pâle, 1 dinero. — Rose, 1 peseta.

1863. — Carmin en relief sur fond blanc : Vermillon, 1 dinero. — Brun, 1 peseta. — Rose : 1 dinero.

1866. — Grands timbres rectangulaires (dentelés) : Vert, 5 c. — Rouge, 10 c. — Brun, 20 centavos

1868. — Type de 1863 remis en cours, armoiries en blanc sur fond de couleur : Vert, 1 dinero. — Vert, 1 peseta. — Carmin, 1/2 peso.

PÉROU

Océan Pacifique

(Compagnie de la Navigation à Vapeur de l')

1re Émission. — Timbres oblongs, imprimés en couleur sur blanc : Rouge, 1 réal. — Timbre semblable, vaisseau à gauche : Rouge, 2 réals.

2° Émission. — Timbres semblables : Bleu, 1 réal (vaisseau à gauche). — Bleu, 2 réals (vaisseau à gauche). — Bleu, 2 réals (vaisseau à droite.)

3° Émission. — Timbre semblable, vaisseau à droite : Brun, 2 réals.

4° Émission. — Timbres semblables, vaisseau à gauche : Orange, 1 réal. — Orange, 2 réals (vaisseau à droite).

5° Émission. — Timbres semblables, vaisseau à gauche : Vert, 1 réal. — Vert, 2 réals.

PÉROU

HONDURAS

République

Timbres rectangulaires, armoiries dans un ovale : Vert, 2 réals. — Rose, 2 réals.

HONDURAS BRITANNIQUE

Timbres rectangulaires (dentelés), imprimés en couleur sur blanc, effigie diadémée de la reine à gauche : Bleu, 1 penny. — Carmin, 6 pence. — Vert, 1 shilling.
Émission de 1872. — Semblables, dentelés : Brun foncé, 3 pence.

COLOMBIE BRITANNIQUE

Timbres rectangulaires, dentelés, imprimés en couleur sur blanc, couronne dans un ovale : Bleu, 3 pence (1865). — Bistre, 2 c., valeur surchargée en noir.

HONDURAS	HONDURAS BRITANNIQUE				

TERRE-NEUVE

(POSSESSION ANGLAISE)

1862. — Timbres carrés, imprimés en couleur sur blanc : Brun, 1 penny. — Semblable : Brun, 5 pence.

1862. — Timbre triangulaire imprimé en couleur : Vert, 3 pence. — Timbres rectangulaires imprimés en couleur sur papier blanc, fleurs héraldiques de la Grande-Bretagne au centre (rose pour l'Angleterre, trèfle pour l'Irlande, chardon pour l'Écosse) : Vermillon, 2 pence, légende, Saint-John's Newfouland. — Vermillon, 4 pence, même légende, ovale et cercle plus petit. — Vermillon, 6 pence, ovale au centre sans cercle, même légende. — Vermillon, 6 1/2 pence, cercle plus petit et POSTAGE en haut. — Vermillon, 8 pence, même légende POSTAGE en haut. — Vermillon, 1 shilling, valeur aux 2 angles supérieurs.

1853. — Mêmes timbres, mais couleur : Lie de vin, 2 p. — 4 p. — 6 — 6 1/2 p. — 1 shilling.

1866. — Timbres oblongs, gravés en taille douce, imprimés en couleur sur blanc (dentelés) : Vert, 2 c. — Timbres oblongs, phoque droite : Brun foncé, 5 c. — Timbre oblong, vaisseau à voile Orange, 13 c. — Timbre rectangulaire, effigie du prince Galles de face : Noir, 10 c. — Timbre rectangulaire, effigie la reine à gauche : Brun rouge, 12 c. — Timbre rectangulaire effigie de la reine, de face : Bleu foncé, 24 c.

Émission de 1869. — Effigie du prince de Galles, dentelé : Violet, 1 c. — Phoque dans un cadre oblong, dentelé : Noir, 5 cents,

Émission de 1870. — Effigie de la reine, dentelé : Rouge, 3 cents Rose, 6 cents.

TERRE-NEUVE

TRINITÉ

(Possession Anglaise)

1851. — Timbres rectangulaires imprimés en couleur sans indication de valeur, déesse du commerce : Bleu foncé. — Bleu pâle.

1851. — Timbres semblables, imprimés en couleur sur bleu : Rouge. — Brun. — Brun violet — Marron. — Bleu.

1854. — Timbres semblables, imprimés en couleur sur blanc, sans indication de valeur. TRINIDAD en bas : Rouge. — Rose. — Bleu. — Brun violet. — Violet.

1858. — Timbres rectangulaires, imprimés en couleur, sur papier blanc, non dentelés. TRINIDAD en bas : Rouge foncé. — Rouge pâle. — Bleu foncé. — Bleu pâle. — Gris. (Timbres dits invisibles.)

1859. — Timbres rectangulaires, imprimés en couleur, non dentelés. TRINIDAD en haut, valeur en bas : Lilas, 4 pence. — Vert. — Jaune, 6 pence. — Bleu noir, 1 shilling.

1863. — Timbres sans indication de valeur. TRINIDAD en bas : Rouge pâle. — Rouge brun. — Timbres avec valeur : Violet brun, 4 p. — Gris, 4 p. — Violet, 4 p. — Vert jaune, 6 p. — Vert clair, 6 p. — Bleu noir, 1 shilling.

1866. — Timbres sans indication de valeur. TRINIDAD en bas : Carmin. Timbres rectangulaires, dentelés à la mécanique. TRINIDAD en haut, valeur en bas : Violet foncé, 4 pence. — Violet vif, 1 shilling.

1869. — Grand timbre rectangulaire, dentelé, effigie à gauche, en couleur sur blanc : Lie de vin, 5 shillings.

Émission de 1872. — Déesse du Commerce assise, imprimés en couleur sur papier blanc, dentelés : Vermillon, 1 penny. — Gris lilas, 4 pence. — Vert, 6 p. — Jaune vif, 1 shilling.

TRINITÉ

URUGUAY

(République)

———

1856 (Diligencia). — Timbres rectangulaires, imprimés en couleur. DILIGENCIA en haut : Bleu, 60 c. — Vert, 80 c. — Rouge, 1 réal.

1859 (Gros caractères). — Timbres oblongs, imprimés en couleur, soleil dans un cercle : Bleu, 120 cent. — Vert, 180 cent. — Rouge, 240 cent. (Ces timbres sont plus grands que les suivants et possèdent des points dans les angles.)

1859 (Chiffres maigres). — Timbres oblongs, imprimés en couleur, soleil dans un cercle, même légende que dans les timbres de la 2e émission, mais en caractères et chiffres plus petits : Lilas, 60 cent. — Orange, 80 cent. — Rouge brun, 100 cent. — Vert, 180 cent. — Rouge 240

1859 (Chiffres gras). — Timbres oblongs, imprimés en couleur, soleil : Lilas foncé, 60 c. (la nuance de ce premier timbre est très-variée). — Orange, 80 c. — Rose vif, 100 c. — Bleu, 120 c. Vert, 180 c.

1864. — Timbres carrés, armes : Groseille, 6 c. — Vert, 8 c. — Jaune vif, 10 c. — Bleu. 10 c.

1865 (Timbres provisoires.) — Timbres rectangulaires aux armoiries : Noir, 1 cent. — Bleu, 5 centavos. — Vert, 10 cent. — Jaune 15 c. — Carmin, 20 cent.

1865. — Timbres rectangulaires, non dentelés, grands chiffres : Bleu de Prusse, 5 c. — Vert foncé, 10 c. — Orange, 15 c. — Carmin, 20 c. — Les mêmes dentelés.

Enveloppes. — Timbres ovales, imprimés en relief et couleur sur papier blanc : Bleu foncé, 5 centesimos. — Vert foncé, 10 centesimos.

Variété. — Timbres semblables avec la variété dans le mot centesimos : Bleu, 5 c. — Vert, 10 c.

U R U G U A Y (République).

VÉNÉZUÉLA

(République)

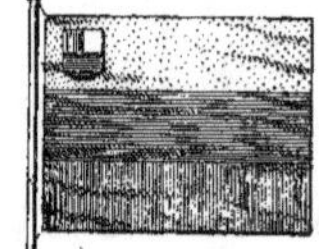

1859. — 1re série. Timbres rectangulaires, un peu allongés, imprimés en couleur sur blanc, armes au centre : Citron, 1/2 r. — Bleu foncé, 1 r. — Rouge orange, 2 r. — 2e série, semblables : Orange foncé, 1/2 r. — Bleu pâle, 1 r. —Rouge carminé, 2 r.

1861. — Timbres rectangulaires, presque carrés, semblables : Vert, 1/4 c. — Brun lilas, 1/2 c. — Brun noir, 1 centavo.

1863. — Timbres rectangulaires, moins larges que les précédents, aigle : Clair, 1/2 c. — Gris vert, 1 r. — Jaune, 1/2 r. — Bleu, 1 r. — vert, 2 r.

1866. — Timbres octogones, armes au centre : Vert, 1/2 c. — Bleu vert, 1 c. — Violet, 1/2 r. — Vermillon, 1 r.—Jaune, 2 r.

Do　Timbres semblables, dentelés : Vert, 1/2 c. — Bleu vert, 1 c. — Violet, 1/2 r. — Vermillon, 1 r. — Jaune, 2 r.

1867. — Timbres semblables : Bleu, 1/2 r. — Jaune, 2 réales.

VÉNÉZUÉLA

ILES

BAHAMAS

(Possession Anglaise)

1851-1861. — Timbre rectangulaire, non dentelé, imprimé en couleur sur blanc, effigie de 3/4 à gauche : Rose pâle, 1 penny. (Ce timbre servait à l'affranchissement d'une île à l'autre.) — Rose pâle, 1 p. — Rouge vif, 1 p. — Rouge brun, 1 p. — Rose, 1 p. — Effigie de 3/4 à gauche, 6 pence. — Gris lilas, 6 pence. — Lilas, 6 pence. — Violet, 6 pence.

1864. — Timbre rectangulaire, dentelé, imprimé en couleur sur blanc satiné, tête à gauche : Vert, 1 shilling.

DOMINICAINE

(République)

Timbres rectangulaires, armoriés, valeur à gauche : Noir sur couleur, 1/2 r. — Rose. — Vert, 1 r. — 1865 même type : Vert clair, 1/2 r. — Brun, 1 r. — Paille, 1 r. — Timbres moins larges et plus haut; CORREOS en haut, valeur en bas : Vert d'eau, 1 r.

Semblables, noir sur couleur, papier pelure : Rose 1/2 r. — Bleu lilacé, 1 r. — 1868, même type émission, dé couleur : Bleu lilacé, 1/2 r. — Rose, 1 réal.

Émission de 1871. — Timbre imprimé en couleur sur couleur : Bleu sur rose, 1/2 réal.

BAHAMAS	DOMINICAINE (République)

BARBADES

(Possession Anglaise)

1852. — Timbres rectangulaires, non dentelés, imprimés en couleur sur azuré : Vert, 1/2 penny. — Bleu, 1 penny. — Rouge, 4 pence. Timbres semblables sur papier blanc : Vert, 1/2 penny. — Timbres semblables, indication de la valeur en haut du timbre : Rouge, 6 pence. — Noir, 1 shilling (non dentelés).

1861-1864. — Timbres semblables, dentelés : Vert, 1/2 penny. — Bleu, 1 penny. — Rouge, 4 pence.

Timbres semblables, unis : Vermillon, 6 pence. — Brun noir, 1 shilling.

1865. — Timbre semblable dentelé, sans valeur : Brique orange.

1867. — Dentelés, sans valeur : Orange. — Vermillon vif, 6 pence.

Émission de 1871-1872. — Semblables aux précédents : Vert, 1/2 p. — Bleu, 1 p. — Rouge, 4 p.

BARBADES (Possession Anglaise)

ANTIGOA

(Possession Anglaise)

———

Émission de 1862. — Timbres rectangulaires, imprimés en couleur sur blanc : ANTIGUA en haut, effigie à gauche : Violet rouge, 1 pence. — Vert foncé, 6 pence. — Rouge carmin, 1 pence. — Vermillon, 1 p.

COLOMBIE ET VANCOUVER. — Timbres rectangulaires, imprimés en couleur sur blanc, dentelés, tête à gauche : Rose pâle, non dentelé, 2 1/2 pence. — Rose foncé, dentelé, 2 1/2 pence.

VANCOUVER. — Timbre rectangulaire, dentelé, effigie de la reine à gauche : Rouge, 5 c. — Timbre rectangulaire non dentelé semblable : Bleu, 10 c. — Bleu, 10 c. (dentelé.)

ANTIGOA				VANCOUVER			

GRENADE

(Possession Anglaise)

Timbres rectangulaires dentelés, imprimés en couleur sur papier blanc, effigie de 3/4 à gauche de la reine Victoria, avec diadème perlé, pendants d'oreilles et collier de perles, épaules nues dans un ovale, GRENADA en haut, valeur en lettres en bas : Vert, 1 penny. — Rouge, 6 pence. 1866. — Vermillon, 6 pence.

JAMAIQUE (possession anglaise). — Timbres rectangulaires, dentelés, imprimés en couleur sur papier blanc, encadrements variés : Bleu, effigie à gauche avec couronne de lauriers dans un en-cadrement rond perlé, avec la légende JAMAICA POSTAGE, valeur en lettres en bas, 1 penny. — Rose, semblable encadre-ment rond, légende en lignes courbes, 2 pence. — Orange semblable, 4 pence. — Lilas, semblable, encadrement hexa-gone, 6 pence. — Brun, semblable, encadrement ovale et fleu-rons aux angles, 1 shilling.

1863. — Timbre rectangulaire : Vert, 3 pence, encadrement ovale, lettres plus petites, fleurons aux quatre angles.

GRENADE			JAMAIQUE				

PRINCE ÉDOUARD (Ile)

(Possession Anglaise)

1862. — Timbres rectangulaires imprimés en couleur sur blanc, tête, couronné : Orange, 1 p. – Rose foncé, 2 p. — Rose pâle, 2 p. — Bleu, 3 p. — Vert, 6 p. — Violet, 9 p.

NICARAGUA

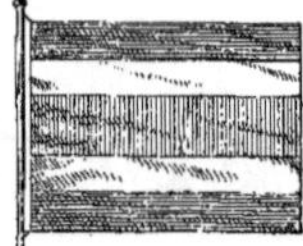

1862. — Timbres oblongs en noir sur blanc : Bleu, 2 centavos (dentelés). — Noir, 5 centavos (dentelés).
Émission de 1870. — Timbres semblables, chiffres aux angles aux timbres de 10 et de 25 c., dentelés, imprimés en couleur sur papier blanc ; Bleu, 2 cent. — Noir, 5 cent. — Vermillon, 20 c. Vert, 25 cent.

COSTA-RICA (République)

1863 (non dentelés). — Timbres rectangulaires, imprimés en couleur sur blanc : Bleu, 1/2 r. — Rouge, 2 r.
1864 (dentelés). — Timbres semblables : Bleu, 1/2 r. — Rouge, 2 r.
3e émission. — Timbres semblables : Vert, 4 r. — Orange, 1 peso.

PRINCE ÉDOUARD (Ile)	NICARAGUA	COSTA-RICA

NÉVIS

(Possession Anglaise)

Timbres rectangulaires, dentelés, imprimés en couleur sur blanc : Rouge, encadrement carré, 1 penny.— Rose, encadrement rond, 4 pence.— Lilas, encadrement rond, 6 pence. — Vert, encadrement ovale, 1 shilling.

SAINT-THOMAS

(Possession Danoise)

Timbres rectangulaires, couronne et sceptre au centre, papier blanc : Rouge, 3 c., papier jaune : Rouge, 3 c., 1867.— Carmin, 3 c., papier blanc.

ÉQUATEUR

1866. — Timbres rectangulaires, non dentelés, imprimés en couleur sur blanc : Bleu, 1/2 r. — Vert, 1 r. — Jaune, 4 r. — Vert sur bleuté, 2 r. — Rouge, 4 r.

Émission 1872. — Armoiries dans un cercle, imprimés en couleur sur papier azuré : Bleu, 1/2 réal. — Jaune, 1 réal.

NÉVIS			SAINT-THOMAS		ÉQUATEUR		

SAINTE-LUCIE

(Possession Anglaise)

SAINTE-LUCIE. — Timbres rectangulaires, dentelés, imprimés en couleur sur papier, étoile, effigie à gauche : Brun rouge, 1 penny. — Bleu vif, 4 pence. — Vert foncé, 6 pence.

Timbres rectangulaires, dentelés, imprimés en couleur sur papier, CC et couronne : Rouge, 1 penny. — Bleu clair, 4 pence. — Vert clair, 6 pence.

Timbres rectangulaires semblables : Noir, 1 penny. — Jaune, 4 pence. — Violet, 6 pence. — Orange, 1 shilling.

VIERGES (Iles). Possession Anglaise

1865. — Timbres rectangulaires, vierge : Vert foncé, 1 p. — Vert clair, 1 p. — Rose, 6 pence.

1867. — Timbres rectangulaires dentelés, vierge : Rouge brun, 4 p. — Timbres rectangulaires, vierge : Rouge et noir, 1 shilling. — Rouge et noir, 1 shil. (bordure rouge).

TURQUES (Iles). Possession Anglaise

1867. — Timbres rectangulaires, dentelés, imprimés en couleur sur blanc : Rouge, 1 p. — Gris noir, 6 p. — Bleu ardoise, 1 shil.

BERMUDES (Iles). Possession Anglaise

1865-1866. — Timbres rectangulaires, dentelés, imprimés en couleur sur blanc : Rouge carminé, 1 p. — Bleu de ciel, 2 p. — Lilas, 6 p. — Vert, 1 shil. — Effigie à gauche.

Sᵀ-VINCENT (Ile). Possession Anglaise

Timbres rectangulaires, effigie à gauche : Rouge, 1 p. — Vert, 6 p. — 1866, semblables : Bleu, 4 p. — Noir violacé, 1 shill.

Ste-LUCIE — VIERGES (Iles) — TURQUES (Iles) — BERMUDES (Iles) — St-VINCENT

TABLE

EUROPE

ASIE — AFRIQUE — OCÉANIE — AMÉRIQUE

Imprimerie Eugène HEUTTE et Cᵉ, à Saint-Germain.